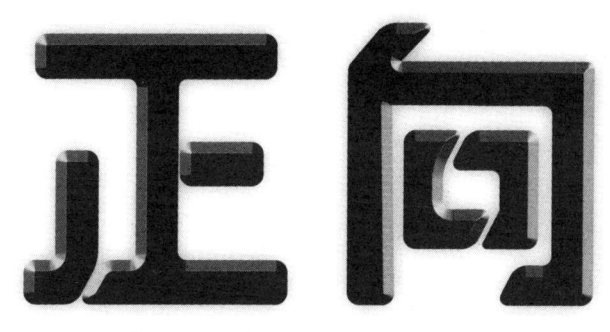

正向团队

THE POWER OF A POSITIVE TEAM
Proven Principles and Practices That Make Great Teams Great

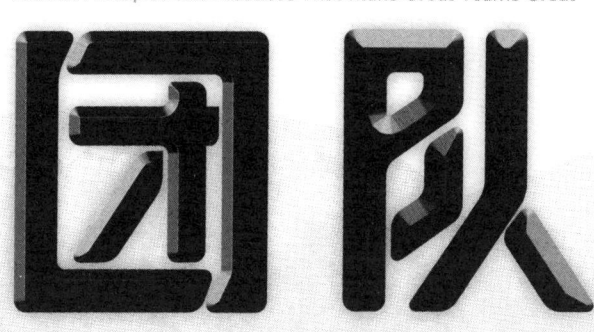

如何成为一支
正能量燃爆的队伍

[美]乔恩·戈登 - 著
Jon Gordon

龚阿玲　章志飞 - 译

中国人民大学出版社
·北京·

译者序

人与人、人与机器、人与网络的日益紧密结合，构成了当代社会系统，几乎没有人可以在不依赖他人的环境下生存。

东方传统文化重视群体生活，重视个人利益服从集体、民族和国家的利益，提倡"人人为我，我为人人"的共赢理念。西方文化崇尚个人主义，但同时也很重视通过团队合作取得更大成功。在当今全球化时代背景中，我们要充分吸收东西方文化的精华，形成高度融合互补的大成智慧。

过去的两年，极不平凡。

2020年初，新冠肺炎疫情突发并肆虐全球。在新型举国体制下，14亿中国人以迎难而上的顽强意志，共克时艰，彰显了万众一心、同甘共苦的民族凝聚力，尤其是在武汉封城期间，全国217支专业医疗队2万多名医护人员从祖国各地紧急驰援武汉、大型方舱医院快速建成等一系列举世瞩目的行动，使得中国在全球率先控制住疫情，率先复工复产，率先恢复经济社会发展。

2020年底，举国上下决胜脱贫攻坚，我国现行标准下近1亿

正向团队
THE POWER OF A POSITIVE TEAM

农村贫困人口全部脱贫，提前 10 年实现《联合国 2030 年可持续发展议程》减贫目标，历史性地解决了绝对贫困问题，创造了人类减贫史上的奇迹。

2021 年，在中国共产党成立 100 周年这一里程碑时刻，我们实现了第一个百年奋斗目标，许许多多难忘的中国瞬间、中国故事、中国声音广泛传播，向世界呈现着一个富强、民主、文明、和谐、美丽的中国。

在见证了中国的巨大成就后，全世界都认识到一个基本事实：中国政府的领导力举世瞩目，中国人民是世界上最卓越的巨型团队！

今天的世界社会系统正日益成为一个"你中有我，我中有你"的大家庭，面对不确定性的空前挑战，任何国家都不可能独善其身。以"人类命运共同体"的新视角，寻求人类共同价值和共同利益的新内涵，推动世界各国人民在相互尊重、相互信任的基础上，形成合作共赢的全球化正向团队，对确保人类文明持续朝着正确的方向发展具有重大意义。

与此同时，信息化改变了人类交往、学习和工作的基本方式。随着科技创新的不断涌现和快速普及，旧的组织形态被打破，新的组织方式层出不穷。我与不同团队的同仁也在不断思考新的协作模式，譬如，如何管理远程协作的项目，如何激发跨界团队的创造力。

译者序

本书是适合团队所有成员一起学习的实用宝典，作者通过解析商业、体育、教育等领域的实际案例，揭示各类团队中不同背景的成员如何求同存异，通过完美协作共同实现价值。

作者多次以优秀球队为例，阐述正向团队的核心理念与重要原则：

（1）优秀球队必须有明确的目标，那就是要赢得比赛。队员加入球队都是为了实现这个团队目标，而非个人的狭隘利益。

（2）优秀球队的队员之间必须相互信赖，共同为实现团队目标而努力。

（3）球队集体和队员个体之间具有相互成就的关系。一方面，明星队员为球队赢得名誉；另一方面，屡战屡胜的球队让队员在市场上身价倍增。

我的职业生涯跨了多个领域，因此有机会与不同团队合作。我经常亲身体会到正向团队所能带来的振奋和激情，不论是举办商业论坛还是组织科研攻关，不论是为武汉战疫提供支援还是在甘肃教育扶贫，不论是从事老龄公益还是社会治理……我一次又一次地体验正向团队的强大力量，见证正向团队创造的伟大奇迹。

怎样才能发现、加入一个正向团队？

至暗时刻怎么让团队保持乐观主义？

团队的领导力和目标哪个更重要？

为什么由精英组成的梦之队常常令人失望？

什么样的领导力能让普通人团队走向成功？

正向团队中的成员之间应该如何协作？

本书对上述问题的回答，为您提供了十分有价值的借鉴。

感谢中国人民大学出版社推荐我翻译这本精彩的作品。读完本书，我对自己的事业目标和人生价值又有了更深刻的思考。

韶华不负，未来可期。我的好友、钱学森学派人才系统工程团队的同仁江晗说："在人才系统工程中，要重视个体之间、个体与系统之间、个体和系统与外部环境之间基于复杂系统或复杂性特征的非线性关系，强调最有效地发挥'系统级'的良性群体效应，甚至通过群体力量的涌现性创造奇迹。"[1]

在虚拟空间与现实空间日益紧密融合的新世界，为了组织、国家乃至整个人类社会的持续进化，我们应学会更好地识别、融入、打造具有强大活性、合力、创造力的群体，做快乐的、知行合一的更高价值实现者。

龚阿玲

钱学森学派人才系统工程团队成员

---

[1] 江晗．人才系统工程：打造强大的人才优势（钱学森系统科学与系统工程讲座）．// 系统工程讲堂录——中国航天系统科学与工程研究院研究生教程（第2辑）．北京：科学出版社，2015．

序言

正向团队力量无穷

在当今世界，单枪匹马的人难以成功，伟大的成功要靠团队的力量。个人需要在团队里成长，团队帮个人成就辉煌。出版一本好书需要团队；赢得美国职业橄榄球大联盟的超级碗（Super Bowl）冠军需要团队；成功发射火箭进入太空需要团队；完成成功的心脏外科手术需要团队。企业团队一起设计、生产和销售汽车、手机、计算机、游戏、软件、建筑及各种最前沿、最伟大的产品；创意团队一起制作各类广告、电影、音乐和多媒体内容；在学校里，教师团队教书育人；在非营利组织里，公益团队为贫困人群提供免费食物、为病人提供无偿治疗、为无家可归者提供住宿、为发展中国家提供干净的饮用水；救援团队积极合作，为受灾群众提供帮助；警务团队协同作战，打击人口贩卖罪行。依托团队，人们众志成城，共同造就创意、企业、品牌、产品，不断取得新成就，最终改变了世界。

正向团队
THE POWER OF A POSITIVE TEAM

我对团队生活十分熟悉，因为我生命中的大部分时间都在团队中度过。六岁时，我向父母提出想加入哥哥所在的少年橄榄球队，虽然我当时年纪还太小，但他们还是同意了我的请求，并送给我一件印有"1/2"号码的球衫。随着年龄增长，我先后加入了不同的体育运动队。高中时，我加入了篮球队、曲棍球队和橄榄球队；大学时，我是康奈尔大学曲棍球队员。学生时代的球队生活对我的人生产生了意义深远的影响。在步入社会之后，我从事过不同的职业，担任过不同的角色，包括酒店的服务生、酒保、老板等不同职位。我曾经在学校的团队中当一名教师，在一家科技公司的团队中担任销售，另外我还曾经在创业公司和非营利组织里担任团队领导人。26岁的时候，为了竞选亚特兰大市议会的议员，我还组建过自己的竞选团队。

如今，在工作中我领导着自己的业务团队，在生活中我是家庭团队里的二号人物。我经常受邀为企业、教育机构、慈善组织、大学球队或者职业球队做演讲、咨询和培训，我并没有刻意宣传自己，却被很多组织和机构的负责人当作首选，去帮助他们打造一支卓有成效的团队。

总结多年实战经验后，我发现，具备积极能量、齐心协力的正向团队才是真正强有力的团队。这样的团队并非偶然产生。正向团队是由一群特殊的人走到一起共同组建而成，这些人具有的特质包括：高瞻远瞩、目标明确、激情四射、乐观向上、坚韧不

序　言

拔、能力出众、乐于沟通、注重人际关系、关爱他人，愿意以团队协作的方式与他人一起达成目标、创造奇迹。我相信，每个人都愿意加入一个正向团队，但并非所有人都知道如何让现有的团队成为一个正向团队。

以上就是我写这本书的原因。在此之前，我已出版过《正向领导力》(*The Power of Positive Leadership*)与《赢在更衣室》(*You Win in the Locker Room First*)，这些书更多是为了帮助领导者学习如何引领自己的团队。我还出版过《安全帽》(*The Hard Hat*)，阐述如何成为一个优秀的团队成员，内容侧重于团队中的个人行为层面。本书则不同，它倡导整个团队一起学习、共同成长。本书的写作风格适合团队成员一起阅读，共同领悟如何成长为积极向上、齐心协力的团队。基于以往团队工作的经验，以及对一些曾经在历史上最伟大团队里工作的成员进行的采访，我发现了一些使团队变得优秀的原则与方法。在本书里，我将分享这些原则与方法，希望读者能与你的团队一起学习，共同讨论成长为优秀团队的行动方案。只要你们愿意一起学习、共同成长、团结一心、携手共进，就一定能取得远超预期的非凡成就。

目录

第 1 章　正向团队的力量　　001

第 2 章　正向团队创造积极的团队文化　　009

创建团队文化　　012
文化是可以改变的　　014
让你的巴士变得美好　　015
将文化建设置于首位　　016
团队建设从根抓起　　017
成为团队的维生素 C　　019
积极的能量来自内心　　020
明确为什么目标而奋斗　　021

第 3 章　为宏大的愿景团结协作　　025

共同的愿景　　028
宏大的目标　　029

以目标为导向	030
愿景与使命	032
望远镜与显微镜	033
创作《亿万富翁》与赢得金牌	034
全世界最大的家庭	037
家庭餐桌会	039
保持愿景与目标的生命力	040
让愿景与目标鲜活起来	041
选出一个关键词	042
确保每个人都在同一辆巴士上	044
所有人意味着每一个人	045

第 4 章　正向团队总是积极乐观　　047

保持积极乐观	049
团队的共同信念	051
彼此鼓励	053
喂养积极的"灵犬"	054
说服自己的内心	056
"有幸可以"代替"不得不"	057
在下一次机会来临时创造奇迹	058
失败是锤炼自我的宝贵机会	059
当鲨鱼而不是金鱼	061
保持新手心态	062

目 录

战胜墨菲定律	063
力量由内而外	065
信念重塑现实	066
恐惧与信心	067
积极态度的实验	068
锲而不舍地相信	071
胜利在望	072

第 5 章　对团队中的负面因素说不　077

对团队吸血鬼说不	080
从文化层面着手	082
首先尝试改变	083
清除负面因素	084
杜绝情绪化	086
零抱怨规则	087
清除与培养	088
积极的冲突	090

第 6 章　正向团队的关键在于沟通与连接　093

普通与伟大的区别在于连接	096
连接从沟通开始	099
消极因素会随时乘虚而入	100

尽快填补沟通漏洞	101
经常开展一对一沟通	102
为什么我们不想沟通	103
从1到10评分	105
积极倾听能加强沟通	106
以沟通建立连接	107
团队力量能战胜天赋	108
团队+天赋=巨大的能量	109
团队建设	112
建立连接的投入是值得的	117
团队的勇气	119

第7章 正向团队中"我们"优先于"我"　　121

奏出自己的音符	124
团队至上	125
"我们"优先于"我"	128
个体能感染群体	130
付出带来改变	131
伟大源自个人奉献	133
优秀源于为团队付出	134
关爱你们的集体	135
给予别人更多关爱	137

目录

卓越团队需要工匠精神　　　　　　　　　　138
用心与否无法伪装　　　　　　　　　　　　139

第 8 章　这是你的船　　　　　　　　　143

1% 法则　　　　　　　　　　　　　　　　145
这是你的船　　　　　　　　　　　　　　　146
精英中的精英　　　　　　　　　　　　　　147
爱与责任的完美结合　　　　　　　　　　　148
像家庭不等于好团队　　　　　　　　　　　149
严格的爱　　　　　　　　　　　　　　　　151
持续改进，永不满足　　　　　　　　　　　152
"周一真心话"活动　　　　　　　　　　　　153
开展艰难的对话　　　　　　　　　　　　　154
喜欢与热爱的区别　　　　　　　　　　　　156
浴火而生　　　　　　　　　　　　　　　　157

第 9 章　积沙成塔，众志成城　　　　　159

留下你们的传奇　　　　　　　　　　　　　168

你们是一个真正的团队吗？　　　　　171

关于团队的 11 个关键问题　　　　　175

01

第 1 章
正向团队的力量

我倡导团队保持积极乐观的态度，并不是因为正向团队能让工作变得有趣，让人感到更高兴或者收获更多。我如此致力于推广积极乐观的团队精神，是因为我非常相信正向团队更有凝聚力，能够战胜前进道路上的一切挑战，取得引人注目的成就。

让全体团队成员为了一个共同愿景协同工作、开创未来，是一个极具挑战的过程；实现一个创意、创造一款产品、拍一部电影、开展一个项目或者建立一个机构都绝非易事；追求卓越、实现前所未有的丰功伟业向来非常人所能及。任何团队都会面对各种逆境、挫折和考验，在那种情况下，似乎世界上的一切都在与你为敌，逼迫你几乎想放弃。于是，你不禁开始怀疑，所谓的理想只不过是一个白日梦。因此，积极乐观对于团队成功至关重要。我们所谈论的积极乐观不是指"波丽安娜"[①]式的盲目乐观，

[①] 波丽安娜是美国畅销书《波丽安娜》中的主人公。她只有11岁，是个孤儿。虽然生活贫困，但她热爱生活、乐观向上，感染了很多身边的人。——译者

不是戴上玫瑰色的眼镜对现实困境视而不见，正向团队不会强装欢颜，而是在任何时候都有着积极的态度、开阔的视野、明确的目标和强大的凝聚力，这些因素都是卓越团队的特质。正向团队不仅正视现实环境的挑战，而且会勇敢地合作去战胜困难。

一个充满消极情绪的团队是不可能成功的，因为在消极团队中充满了矛盾与问题，而且会不断滋生新的矛盾与问题，但团队从来不主动解决问题。历史经验表明，是正向团队最终创造了奇迹、改变了世界。世界属于那些相信未来并且乐于同身边其他积极伙伴们一起努力创造未来的人！

我多次目睹了正向团队的力量。相关的研究也表明，积极的态度对成功能起到决定性作用，并带来本质性的变化。杜克大学的曼朱·普里（Manju Puri）教授与戴维·鲁滨逊（David Robinson）教授的研究表明：积极乐观的人更容易在商业、体育与政治上取得成功。根据婚姻关系学专家约翰·戈特曼（John Gottman）的最新研究，在婚姻关系中，当夫妻之间积极互动与消极互动的比例大于 5∶1 时，婚姻会更幸福；当这个比例下降到接近 1∶1 时，婚姻很可能以破裂收场。

在团队中激发积极力量的意义不容小觑。组织研究专家韦

第1章
正向团队的力量

恩·贝克（Wayne Baker）与研究员罗伯特·克罗斯（Robert Cross）的研究表明：如果你在工作中越能激励他人，你的团队就越会有出色的表现。这是因为人们都想追随你，所以你能够吸引优秀的人才，他们会自觉地在你的项目上投入精力，优先为你提供创新的想法、专业的信息以及比别人更多的机会。

拥有了上述这样的正向团队，你就在其中创造了一个积极反馈闭环，使团队向更高的水准发展。很多人以为，积极乐观和成为赢家是非此即彼的两个选项，其实并非如此，因为积极乐观会引导人们成为赢家，专业的研究已经证明了这一点。积极乐观不仅是一种心理状态，还是帮助团队在商业、体育、创新和生活等方面提升竞争优势的力量。

由于不同行业的团队各有特征，所以本书分别阐述了商业、教育、体育、音乐、科技等诸多领域的案例。虽然我知道并非每个人都热爱体育，但我还是在书中分享了很多体育领域的案例，我希望用这些案例让读者了解，打造正向团队的基本原则可以运用到现实生活中。

研究体育案例有一个独特的优势，就是可以通过对整个赛季的表现进行跟踪观测与分析，来检验这些方法和原则的有效性，因为那些拥有积极态度的团队的表现，可以在现场或者电视转播上看得一清二楚。我很荣幸能够亲自深入到许多体育团队中，他们是非常理想的研究对象；我也跟很多大公司和学校开展过合作，我确信本书中总结的原则在体育团队和大型机构都同样适用。如果你对体育没有兴趣，就只需将其视为范例，思考如何将正向团队的原则运用到自己的团队中，肯定也会获得许多让你的团队变得更加优秀的启发。

正向团队不可能凭空产生，每一位团队成员都需要投入时间与精力，打造积极乐观的团队文化；每个人都都需要在共同愿景指引下，向着集体的大目标一起努力，凭借乐观的精神与团队的信任共同面对逆境的挑战。正向团队敢打硬仗，能够克服困难，在逆境中勇往直前。正向团队的成员往往注重彼此之间的沟通，保持紧密的联系，同时敢于承担责任，相互支持鼓励，成员之间建立的信任和关系使整个团队更强大。

正向团队的成员对其事业目标和队友都富有责任感，他们的付出不是为了私利，而是为了成就彼此。团队成员关心的是拼搏、事业和队友，而不是个人的成绩。正向团队中充满了信任与关爱，人人都渴望一起铸就辉煌。正向团队追求卓越，在奋斗过

第 1 章
正向团队的力量

程中个人与团队共同成长。正向团队的成员都能够放下自我,携手共进,砥砺前行,共同实现非凡的集体成就。正向团队的成员往往表现为关心别人更多、付出更多、投入更多、承担更多,因此才能一起实现更大的目标。

/ 02

第 2 章

正向团队创造积极的团队文化

每一个卓越的团队都有其独特的优秀文化，这种现象绝非偶然，因为团队文化是团队所坚持的信念、珍视的价值、付出的行动之主要基础。团队文化有内在与外在两个层面，是规范一个团队如何进行沟通、联系、思考、合作和行动的原则。

　　团队文化不是只表现在某一个具体方面，而是包罗万象。文化决定了团队的期望与信念，期望与信念驱使团队的行为，行为决定了习惯，习惯决定了结果和未来。

　　苹果公司初创之时只有两位史蒂夫——史蒂夫·乔布斯（Steve Jobs）和史蒂夫·沃兹尼亚克（Steve Wozniak），他们俩确定了苹果公司的文化是要带来颠覆性的创新。他们所做的一切工作，包括雇佣员工、经营公司、制造产品，都是在这种企业文化的影响下进行的。时至今日，同样的企业文化仍然影响着苹果公司的行为和行事准则，正因如此，一直以来苹果公司有着一个极负盛名的座右铭："文化胜于战略"（culture beats strategy）。企业战略当然很重要，但文化才是最终决定战略是否有效的关键。

团队要做的最重要的一项工作是确立其独特的文化。团队必须建立积极乐观的文化，提倡互相激励与鼓舞，促进成员之间的良好关系和团结协作，让团队里的所有人共同学习和成长，使每一个人发挥最大的潜能。

创建团队文化

在康奈尔大学读二年级的时候，我加入了学校的网棒球队，担任首发中场。那时，我们的球队在全国排名第九。我们曾经与西点军校的球队有过一次激烈的交锋，当时，双方坚持到常规时间结束也未分出胜负，比赛进入残酷的加时赛，率先得分的队伍将赢得最后的胜利。我还记得那一刻我站在中场争球圈里，脑子里一直在想：如果我争球输了，我们队就可能会输掉整场比赛，所以我必须争到球。

结果却令人失望，我没有争到球，但我很快意识到对手正带球沿着边线向前跑，于是我像发了疯一般开始全速奔跑，终于追上了对手并全力拦截，把球从他的球杆中撞了出去，随后，我抢到球，并在被对手逼出界之前纵身一跃，将球传给我身后的挚友

第 2 章
正向团队创造积极的团队文化

也是队友约翰·比斯（John Busse），他单手持杆接到球后，马上又传给另一位队员乔·兰多（Joe Lando），最后，兰多成功投球得分，我们队获得了胜利。

我之所以讲述这件事情，并不是想炫耀我的球技（实际上，这是我大学生涯里唯一一次精彩表现），而是因为那一年我们球队赢了好几场加时赛。但在我上大学四年级的时候，球队的表现却不尽如人意，我们曾经差点打败年度冠军普林斯顿校队，可是最后我们在加时赛中败下阵来。

回顾这一段经历，我清晰地感受到，大二和大四时我们球队的团队文化可谓天壤之别。在大四那一年，球队失去了我们亲手打造的冠军文化。正如波士顿凯尔特人队主教练布拉德·史蒂文斯（Brad Stevens）所言：团队文化不仅是一种集体的习惯和传统，更是在球队更衣室中的每一位队员所表现出来的东西。遗憾的是，大四那一年我们没有继承老队员们建立的冠军文化。

如果那时我具备像今天一样的团队领导力就好了，但遗憾的是，往日不可追回。那时，我没有意识到文化对于一个团队的成功有多么重要，我也不知道曾经拥有的文化会失去，我更没想到文化的改变会带来完全不同的结果。如今，我懂得，要打造一个优秀的团队，首先要建立优秀的团队文化。作为团队的成员，你每一天工作中所想的、所说的、所做的，时时刻刻都在塑造团队的文化。因此，一个团队在过去一年甚至昨天的文化并不重要，最重要的是，你此时此刻的行为正在形成团队的文化。

文化是可以改变的

每当谈论团队或者组织的文化，很多人会考察团队的领导层，这固然没错。团队领导者对于团队文化的确有举足轻重的影响，他们确定集体的基调，决定团队的价值追求与定位。但要特别注意的是，团队文化如何落地生根并最终达成，是由团队里的所有成员共同决定的。

每一位团队成员都在影响着团队文化，部门经理、学校校长、公司老板、球队教练的言行举止固然会影响团队文化，你的言行也同样至关重要。如果你觉得正置身于一个消极的团队中，不要把自己看成是一个受害者或者被动地接受环境塑造的产品，而应该尝试改变环境，跟团队里的其他人一起创造一种积极向上的文化。

团队文化并不是一成不变的，而是在不断更新的。你说的每

第 2 章
正向团队创造积极的团队文化

一句话都能带来改变，你的每一个思考都能让文化得到提升，你的每一次分享都能带来团队的进步，也就是说，你的每一个行为都在潜移默化地重塑团队文化。此时此刻，你的团队就可以做出改变，成为一个积极向上的团队，并由此形成正向团队文化。

让你的巴士变得美好

人们常常问我，在一个消极的组织中，如何才能让自己的部门或者团队变得积极呢？我在《动力巴士》（*The Energy Bus*）一书中做了回答。

你可能驾驶的不是一辆大巴士，但是你仍然可以让自己的小巴士变得美好。你可以在自己的团队中建立优秀的文化，并让整个组织中的其他人看见正向团队的价值。

多年来，我让很多人按照以上建议去尝试，结果，他们都成功地激发了周围的人。在一些案例中，某个正向团队甚至成为整个组织的模范代表，并最终给整个组织带来了改变。

绝不要小看一个正向团队对于整个组织、社区甚至世界的影响力。当你让自己的小巴士变得美好时，你所展现的变化能够驱使他人创造奇迹。

将文化建设置于首位

2009—2012赛季，南加利福尼亚大学男子网球队连续四年赢得全国总冠军，当我问球队总教练彼得·史密斯（Peter Smith）获得如此佳绩有什么秘诀时，史密斯教练只字未提队员的天赋，而是强调球队所拥有的团队文化，特别是史蒂夫·约翰逊（Steve Johnson）——可以说是美国历史上最优秀的大学网球运动员——带给团队文化的改变，以及团队对史蒂夫本人的影响。事实上，该球队从来不乏世界级的明星球员，所不同的是，在那四年里球队拥有了冠军文化：一种充满关爱与信任、手足情、相互尊重的团队文化。

在南加利福尼亚大学球队持续夺冠的日子里，布赖恩·博兰（Brian Boland）和他的弗吉尼亚大学男子网球队也在奋力拼搏，但是每次都惜败而归。布赖恩自2001年执教弗吉尼亚大学男子网球队以来，球队的水平每年都在提高，他们开始进入四强赛、半决赛，甚至好几次闯入决赛，可惜每次都与总冠军失之交臂。

第 2 章
正向团队创造积极的团队文化

然而这一切在 2013 年被改写,从那个赛季开始,弗吉尼亚大学男子网球队赢得了五个赛季中的四次总冠军。

我问布赖恩是什么带来了如此重大的改变,他回答道:"因为我的改变,我们球队也发生了变化。过去,我常常以强迫的方式开展工作,一切以结果为导向,这一点我从来不明说,但球队的每个人都清楚。2013 年,我将建设团队文化确定为主要关注点,不再以结果而是以文化为导向、以进步为导向。从此,我们变成了一支卓越的球队,而不是一群想当冠军的个人主义者。"

在接下来的章节,我将详细分享布赖恩如何打造他的球队。这个案例给我们最重要的启发是,团队文化的改变最终带了结果的巨大改变。我在商界、教育、医疗等领域工作的过程中也见证了诸多类似的案例,许许多多非凡的成就都源于团队将文化建设作为首要任务。

团队建设从根抓起

我还记得几年前与迈阿密热火队主教练埃里克·施珀尔斯特拉(Erik Spoelstra)闲聊的内容,当时,他告诉我,在过去几年的休赛期，他将全部的时间和精力投入到回看录像和得失分数据分析中，但如今，他投入时间最多的是团队文化建设。我跟他的教练组和球队打过多年交道，从他们身上我看到了一种特殊的文化特征，从专项训练员、教练组到球员、运营人员，都将团队文化建设摆在第一位。他们明白这样做的意义，也知道这样做的重要性。他们相信，球队无法保证拥有最优秀的队员，但是只要大家一起努力，就可以打造出最优秀的团队文化。这一点我们每个人都可以做到。

即使没有优秀的条件，也可以努力打造最优秀的团队文化。世界上有太多因素不由人们控制，但你可以决定将多少时间、多少精力和关注度投入团队文化建设上。

如果说有才华和天赋的人对优秀的团队不重要，那是自欺欺人，因为在任何团队里，有才华和天赋的人都起着非常重要的作用，但是团队文化才是将这些人的才华与天赋发挥到极致的决定因素。我目睹了一个事实：很多拥有才华与天赋但是文化建设做得一塌糊涂的团队最终一事无成。许多团队只关注树上能不能结出果子，只关心结果、数据、股价、评分、利润、盈亏。他们紧盯着树上的果子，却忽视了给树根（文化、人、关系和流程）浇水施肥。他们以为表象的数字才有意义。

第 2 章
正向团队创造积极的团队文化

这些团队的失败之处在于，他们没有意识到，并不是数据与结果驱动团队的文化与发展，恰恰相反，是团队的文化与发展决定着数据与结果。树上结的果实，是对树根进行培育的必然结果。当眼里只有果实而忽视树根的时候，唯一的结局就是果树的死亡；只有对树根进行充分的滋养，重视团队文化建设，才能持久地获得丰硕的果实。在此，我期望并鼓励你们一切从树根抓起。

成为团队的维生素 C

每个人都对其他人有传染力，你所投入的能量影响着团队文化的品质。

来自美国心术研究院（Heart Math Institute）的研究表明，当人的内心有波动时，这个波动会传导到全身的每一个细胞，并最终通过情绪表达出来，周围 3 米范围内的人都能感受到这种情绪。这意味着，每一天你都在向团队的伙伴们进行情绪传播，你的负能量与正能量、你的冷漠与激情、你的无动于衷与坚定意志，都在不断地对外传播。哈佛大学的研究也证明，人的情绪是具有传染性的，能对周围的人带来影响。

负面情绪的扩散就像感冒发烧的传染一样可怕；相反，团队也能迅速被积极情绪所感染。作为团队的一员，你的态度、能量以及领导力都有很大的感染力，会影响你的形象和团队的情绪。每天，当你走进办公室，参加会议，进入学校、医院或者更衣室的时候，都要做一个决定：你想成为传染疾病的病菌还是传播健康的维生素 C？

请注意，并不是性格外向的人才会有积极的感染力。分享正能量不是要你变成一个喋喋不休、高谈阔论的人，而是要发自内心地传递你对团队所持有的关爱、激情、积极正面的态度和明确的目标。这意味着你要决定成为团队的能量源而不是黑洞，也就是说，你将赋予团队更多能量，而不是成为消耗团队生命力的吸血鬼。

在杰出的团队里，大家都拥有积极的态度，彼此传递正能量，并且每一个成员分享的越多，他自己获得的也越多。

积极的能量来自内心

请记住，这是你的文化、你的团队，你就是让这一切发生的那个人。不要期望依靠别人带来改变，你和你的团队完全有能力

第 2 章
正向团队创造积极的团队文化

打造一种积极的文化。一个能打造积极文化的团队更容易成功。当然，这件事情不会如此简单，你需要借助一些具体的行为准则和有效的方法来建立强大的团队文化，我会在本书其他章节里详细论述。

在创建团队文化的过程中，一定要认识到，会有大量的外部力量成为阻碍，同时，团队内部也会出现反对的声音，甚至造成消极的影响。在阅读本书的过程中，请你牢记，一个人的内心越强大，就越能抵抗外部影响的侵袭。事实的确如此，那些在更衣室里表现更好的团队最终将获得赛场上的胜利；那些在教师休息室里表现更好的团队，最终将赢得学生的心；那些在办公室里表现更出色的团队，最终将在市场上获得成功。所有的能量都源自内在，并由内而外产生结果。

明确为什么目标而奋斗

综上所述，我以文化建设最重要的部分来结束本章的讨论：文化建设最重要的一步就是要弄清楚，你为之奋斗的目标是什么？你希望因为什么而闻名于世？

几年前，我跟美国西北航空公司打过交道，他们告诉我，有些职业咨询顾问建议西北航空公司向乘客收行李托运费，理由是其他竞争对手都在这么做，该项收费将为公司带来大笔的额外收入。公司内部对该不该收费展开了激烈的讨论，在讨论中，有人提出了一个问题：这符合我们的价值主张吗？于是，他们找出了公司的初始使命："以友好、可信赖、低成本的航空旅行服务，为客户连接生活中的重要节点。"最后，美国西北航空公司决定：如果他们关注的是每日为客户提供低成本的航空服务，就不应该对托运行李收费。

你可能以为，这个决定会让美国西北航空公司错失一大笔收入，有趣的是，正因为他们不对托运行李收费，新增顾客数开始上升。美国西北航空公司的广告重点宣传了让客户的行李可以享受免费旅行，此举不仅大大提高了公司的市场份额，收入也随之创出新高。这个经典的案例向我们展示，在明确自身定位之后更加容易做出决策。当文化为决策指明了方向时，你已经走在成功的道路上。

最近，我给一家龙头制药公司的领导层讲课，其间我问他们：为什么公司拥有如此优秀的团队？一位经理举起手告诉我，

第 2 章
正向团队创造积极的团队文化

他和他的团队曾经在会议室里苦苦思考一个问题：我们想要成为什么？大家讨论的焦点是：我们究竟想打造怎样的团队文化？想成为怎样的团队？想要实现怎样的目标？这位经理说，虽然他有团队领导者的头衔，但他感觉似乎是团队在带着他开展讨论，而且讨论非常成功，最后大家一起决定了团队的奋斗目标。

从此以后，他们变成了一支卓越的团队。这位经理表示，他感觉自己更像是团队的一员而不是领导者，因为团队里的每个人都在带领大家前进，每个人都明白奋斗的目标，知道自己想要成为什么，同时，团队文化为大家指明了方向，也为决策提供了重要的依据。

你和你的团队也可以如此。明确你们在为什么而奋斗、想因为什么被世人所知，当你们知道未来想要成为什么的时候，就能打造相应的团队文化，实现梦寐以求的奋斗目标。

03

第 3 章
为宏大的愿景团结协作

2006年，当艾伦·穆拉利（Alan Mulally）成为福特汽车公司CEO的时候，他把曾经让航空制造业巨头波音公司扭亏为盈的丰富经验带入了福特。艾伦认识到，为了扭转福特巨亏120亿美元的困局，他需要为其建立统一的愿景与目标。

在《正向领导力》一书中我写到，艾伦创建了名为"同一个福特"（One Ford）的企业文化，并借助这一文化将公司里的所有人都团结起来，凝聚成愿景统一、行动协同、目标一致的强大团队。艾伦告诉我，公司里每个人都必须了解团队建设计划、拥抱这个计划，并为这个计划不懈奋斗。艾伦和他的"同一个福特"计划最终取得了成功，很多人评价，这是历史上最杰出的领导力案例之一。

我认为艾伦获得成功最重要的原因在于，他将福特公司团结在统一的愿景与目标之下。我从中领会到，团队之所以能获得成功，源于全体团队成员拥有一个共同的愿景，并且了解为什么要实现那个共同的目标。

找到前行的理由和前进的方向，就不会被任何障碍阻挡前进的脚步，因为，共同的宏大目标将提供取之不尽的能量，让团队朝着愿景所指引的方向不断前进。

共同的愿景

成功的第一个关键词是"共同的愿景"，即所有团队成员都认同的愿景，这个愿景激励着团队的每个成员，像北极星一样指引每个人朝着同一个方向前行。

作为团队的一员，每个人都要为同伴指明这颗北极星的方向：看，我们昨天在这个位置，但北极星的方向才是我们要去的目的地。诚然，我们遇到了一些挑战，但是我们正在向这个目的地前行。面对如此多变的世界，我们无法制定一份完美的行动计划，但是我们拥有共同的愿景，有同一颗北极星指引方向。对于未来会发生什么，我们没有一份清晰明确的地图，但是我们走在同一条道路上，彼此扶持、互相鼓励，只要我们始终团结在一起，朝着北极星的方向前进，我们终将实现共同的愿景。

第 3 章
为宏大的愿景团结协作

宏大的目标

另一个关键词是"宏大的目标"。研究表明，当一个人拥有超越小我的宏大目标时，就更有动力去实现这一目标。

无论对于个人还是团队来说，超越小我的宏大目标总是鼓舞人心的，它不仅是一个共同的愿景，更是你去实现共同愿景的强大动机。

有一点对于你和团队而言至关重要，那就是，弄明白团队存在的意义，以及你们将为这个世界带来怎样的变化。当每个团队成员都了解团队的使命，并且清楚为了实现使命应该做什么的时候，团队的能量与激情必将爆发。有这样一个例子，我的好友 Superfeet 公司总裁约翰·劳沃拉（John Rauvola）了解到，美国有多达 75% 的成年人在忍受足部疼痛的困扰，因此，约翰和他的团队确立了一个宏大的目标："为每个人的精彩人生奠定一个坚实的基础"。惠普公司近期与 Superfeet 公司合作推出了首款足部扫描和鞋底压力测试技术，并将此技术应用在 Superfeet 公司的生产设备中，实现了 3D 打印定制鞋垫和其他定制化鞋类产品的生产。Superfeet 公司被惠普选为合作伙伴的重要原因之一是，该公司一直都遵循其宏大目标，并且其团队始终保持完成这项宏大计划的能量与激情。

以目标为导向

成为强大团队的秘诀之一是：以目标为导向，而非以数字为导向。

我举一个例子。多年以来，相比超市里的其他牛奶品牌，我一直对"有机谷"（Organic Valley）品牌的牛奶青睐有加。很长一段时间，我并不完全知道自己为何会有这个偏好，直到我前往威斯康星州中部，来到被广阔的农场所环绕的公司分销总部与他们进行交流后，我才逐渐明白了其中的奥秘。我发现，这家公司并不看重销售或者营收结果，当然，他们会做销售预测，以此对经费预算、经营计划、增长幅度等做出规划，他们也对经营的数据和结果进行量化分析，但是，他们的行为都基于一个信念：所有的数据都只是副产品，取决于公司在实现目标、分享理念的过程中做得有多好。

有机谷公司并不过多关注财务数字，而是把注意力和激情投入在以目标为导向的事情上：为农村人口创造就业；保障土地资

第 3 章
为宏大的愿景团结协作

源的可持续利用；为家庭生活提供无激素、无抗生素的奶制品。结果，该公司的销售数据持续攀升。

几年前，在与美国职业橄榄球大联盟的一支球队交流中，我让每一名球员把打球的目标写在一张纸条上，然而几分钟后，我让他们把纸条都撕掉了。

在他们撕毁刚刚花费了时间、投入了激情才写完的梦想与目标的时候，我听到了各种抱怨、不满以及沮丧的声音。然后，我问他们："请问，你们当中有多少人写下的目标，是获得超级碗冠军、赢得多少场比赛、在球场上跑多少码的距离、完成多少次拦截或者其他类似的目标？"在场的每个球员都举起了手。

接下来，我告诉他们，联盟每个更衣室里的每一位球员都有和他们一模一样的目标，因此光有个人的目标并不代表能赢得胜利，否则岂不是每个球队都能获胜？相比之下，将自己全身心投入到实现目标的行动中，将个人的成长计划和所有行动都以实现这个目标为导向，才决定最终的结果。随后，我让每个人写下自己的决心以及打球的目的，并在写完后跟身边的队友分享，从那一刻起，这支球队迸发出无与伦比的能量。

的确，不是数据和结果驱使人们前进，而是具有强大目标的人在推动数据和结果的实现。

当然，我并不是说应该忽略数据，或者不设任何结果指标。量化数据是必要的，大多数情况下需要设立经营的收益目标，或者其他衡量指标。数据的作用就像体重计和量尺对于减肥计划一样，只是对结果的评估工具。就目标而言，企业希望能超越上一年的各项业绩表现；非营利组织希望更多人能获得帮助；学校希望能为更多学生提供教育；医院希望能减少患者的死亡率，挽救更多的生命。

有一个想要实现的目标是好事，而如果能在认清想要实现的目标或者想得到的结果的同时，还能够确立一个更宏大的目标，你会变得更有力量和激情。目标越远大，成就越卓越。

愿景与使命

人们经常问我一个问题：团队的愿景与使命是应该分开还是统一？我知道很多团队或者组织将其愿景和使命分开进行陈述，这没有任何问题，但我个人更倾向于将愿景与使命统一陈述。我认为，每个成员都应该能够准确地指向团队的北极星并阐明：这

第 3 章
为宏大的愿景团结协作

就是我们前进的方向，这就是我们为什么要朝着这个方向前进的原因；这就是我们将一同开创的未来，这就是我们为之奋斗的理由。

将愿景和使命分开还是合并不重要，最重要的是，你的团队不仅要有一个愿景，还要把实现这个愿景作为使命。不妨多花一些时间统一团队成员的愿景与使命，然后把更多的时间用于将愿景与使命烙印在团队的思想和行动上。总而言之，任何人都可以发布一个全世界最宏大的愿景和使命，但是，如果没有人真正投入到使命中去，一切都毫无意义。

如今，几乎每一个机构都有使命陈述，但是，只有那些真正伟大的组织为使命而奋斗。遗憾的是，随着时间的流逝，很多团队变得消沉了，因为他们渐渐忘记了奋斗的目的。事实上，我们不会因为事情太多而身心疲惫，我们的意志是因为忘记了初心才被消磨殆尽。所以，永远不要忘记初心，这是你前进的原动力。

望远镜与显微镜

作为一个团队，在前进的路上最好同时带着"望远镜"和

"显微镜"。望远镜的作用在于帮助团队时刻关注愿景和北极星的方向,牢记大目标;显微镜则用于放大细节,帮助团队时刻关注要达成的短期目标,从而保证能够实现望远镜里看到的宏伟蓝图。

如果手里只有望远镜而没有显微镜,你可能会天天仰望星空,忘记了千里之行始于足下。反之,如果手里只有显微镜而没有望远镜,你可能每天都为了当下而辛苦劳作,由于失去了方向和意义,阻力和压力很容易让你沮丧,甚至失去信心。

因此,要时常拿出望远镜,提醒自己和团队要去往何方、前进的目的是什么;同时,每天要透过显微镜关注最重要的细节,以及你们的行动是否符合使命。两者结合方能保证团队不迷失方向,并保持前行的动力,直至达成使命。

创作《亿万富翁》与赢得金牌

当布赖恩·科佩尔曼(Brian Koppelman)与编剧搭档戴维·莱维恩(David Levien)拿起"望远镜"时,他们看见了"亿万"——不是亿万颗星星,而是火爆的电视连续剧《亿万富翁》

第 3 章
为宏大的愿景团结协作

（Billions）。这对金牌搭档合作了许多年，打造了诸如《十三罗汉》(Ocean's Thirteen)、《赌王之王》(Rounders)等经典剧作。他们有着共同的愿景和宏伟的目标：成为好莱坞历史上最成功的剧作团队。

当我向布赖恩询问他们的成功秘诀时，他说，他和戴维一直心怀使命、以目的为导向。他认为，无论是电影、电视剧还是其他合作项目，他们都认为是在进行一项极为重要的创作，他们共同努力的目标是让作品达到极致。他们坚信，只要全身心投入到创作更好的作品中，就一定能讲出更精彩的故事。他们的共同愿望是创作电影或者电视剧，目标是将这些创作做到最好。

此外，他们对合作项目有决心，对彼此有承诺。自负与自我的毛病从未在团队里出现，因为他们要完成的每一个项目都是为了共同的愿景和目标。我从他们身上学到，在一个有着共同愿景与宏大目标的团队里，不存在自负与自我意识的障碍，这样的团队不会被分裂或击垮。

不论是创作电视连续剧《亿万富翁》，还是赢得奥林匹克金牌，都遵从相同的成功原则。在采访布赖恩的那一天，我还与凯里·沃尔什·詹宁斯（Kerri Walsh Jennings）进行了交流。凯里与米斯蒂·梅-特雷纳（Misty May-Treanor）组成了沙滩排球历史上最优秀的一对组合，她们获得了 2004 年、2008 年和 2012 年三届奥运会沙滩排球金牌，并在国际排球联合会（FIVB）主办的世界沙滩排球锦标赛中三次夺得冠军。

我问凯里，是什么让她和米斯蒂成为伟大的组合，她说，"我们很清楚想要一起达成什么样的愿景和目标，我们愿意为此承担责任和付出努力。我们都渴望取得巨大的成功，我们都强烈地想要打败对手。我们对这项运动、对彼此都充满了热爱，为能在一起拼搏而感到无比兴奋。从一开始，我们就对彼此、对共同的使命做出了承诺。我们非常清楚需要付出很多，我们所做的一切都是为了取得卓越的成就。"

我情不自禁地暗自窃喜。因为，我和凯里及布赖恩的交流前后相隔不过数小时，而他们给出的回答令人惊讶得一致。在那一刻我意识到，或许天赋与才华可以让一个团队变得足够好，但只有当团队拥有共同的愿景和宏大的目标时，才能取得卓越的成就。

第 3 章
为宏大的愿景团结协作

全世界最大的家庭

"拯救"孤儿，并让他们加入新的家庭，我不确定世界上有没有比这更伟大的目的了。这就是查尔斯·穆利（Charles Mully）和他的太太埃丝特·穆利（Esther Mully）从 1989 年至今一直在坚持的事业。

查尔斯 6 岁那年被原生家庭抛弃，被迫在肯尼亚的大街上以乞讨为生，度过了大部分的童年时光。17 岁那一年，他独自一人步行了 70 公里，来到肯尼亚首都内罗毕。打过几份零工之后，穆利在 23 岁时创办了自己的运输公司。在随后的 40 年里，穆利将只有一辆车的运输公司发展为一个涉足农业、石油、天然气的大型集团，因此过上了富足的生活。他的人生可以说已经应有尽有——幸福的婚姻、七个孩子、财富和成功的事业。

直到有一天，他偶遇了几个像自己小时候一样睡在大街上的孩子，他再也无法在脑海里抹去这个画面，他觉得自己应该为孩子们做些什么。这一想法最终发展到连他自己也没有料到的境地。他和妻子埃丝特变卖家产，将财富全部用于拯救那些露宿肯尼亚街头的孩子，为他们提供住宿和食物，送他们上学，让他们再也不用风餐露宿。穆利夫妇倾尽所有去帮助一无所有的孩子们。

穆利儿童之家（Mully Children's Family，MCF）成立至今，改变了肯尼亚成千上万街头流浪孩童的人生。据估计，从1989年至今，穆利夫妇一共收养了13 000名被遗弃的孤儿，为他们提供了一个大家庭。他们当中的不少人上了大学，成为教师、医生、护士和企业家。曾经在这个大家庭里长大的孩子，成人后又回到这个家庭里，帮助家庭里的下一代孩子改变人生。

读到这里，我相信你不会对上面的数字视而不见，想象一下吧，我们谈论的是13 000名孤儿，13 000名无家可归、没有家庭依靠甚至没有未来可言的孤儿！然而，有一个无私的、满怀正能量的团队（穆利夫妇）奉献了他们的财富、放弃了优越的生活，通过拯救孤儿来改变世界。而且，这个数字还在不断地增长。如今，这个儿童之家里同时住着3 000名孤儿。

查尔斯成了这些孤儿共同的父亲，也是全世界拥有最大家庭的父亲。有一部根据他的故事改编而成的电影，深刻地影响了我和我的家庭。我也建议你和你的家庭或者团队一起观看这部电

第 3 章
为宏大的愿景团结协作

影,看看当一个团队有着共同的愿景和宏伟的目标时,他们会变得如此不平凡。我相信,一起看这部电影会帮助你们成为更好的团队。当你们拥有一个共同的愿景和伟大的目标时,就能创造奇迹。

家庭餐桌会

我没有 13 000 人的大家庭,但是,我仍然希望让我的四口之家团结在同一个愿景与目标之下。在我的朋友丹·布里顿(Dan Britton)的建议下,我们家每周日都举行一次家庭会议。大家一起提出关于这个家庭的愿景与使命,然后,我们围坐在厨房的餐桌旁,讨论我们对于愿景与使命的执行情况,也讨论家庭成员所面临的困难和可能的解决方案。平时,孩子们要参加体育比赛,我自己经常出差,我们一家人总是各忙各的,但是,每周挤出时间聚在餐桌周围进行讨论,是让我们成为一个强大家庭的重要活动。

我知道,你和你的团队也十分忙碌,你们有很多工作要做,每天的时间很有限。但是,请为最重要的事情安排时间,挤出时间来构建或重温你们的愿景与使命，确保愿景和使命不会被忘记。

保持愿景与目标的生命力

我发现，起初很多团队都有自己的愿景与目标，但随着时间流逝，他们遇到了困难和挑战，就逐渐丢失了愿景。

因此，我鼓励你们将愿景与目标写下来，并找到一个保持其生命力的方法，否则，愿景与目标会日渐消逝。你们要经常碰面，一起讨论愿景与目标，不断展望未来，也可以创作一些提示性的警句或者图案。

康奈尔大学曲棍球队出场时，队员们会举着一个红色的头盔。几年前我在电视上看过他们的比赛，我从未见过一支如此有激情、有目标的团队。为了弄明白为什么这支球队表现如此优异，我去采访球队教练杰夫·坦布罗尼（Jeff Tambroni），他给我讲了这顶红色头盔的秘密，原来，红色头盔是颁发给团队里最刻苦、最忠诚、最无私的大一新生的。杰夫还给我讲述了乔治·博亚尔迪（George Boiardi）的故事。乔治在大一时得到了红色头盔，然而大四那一年，乔治在飞身拦截一次对手射门时，

第 3 章
为宏大的愿景团结协作

被球击中了胸口,医治无效而不幸辞世。从那以后,红色头盔就不再仅仅是无私奉献、兢兢业业的球员的象征,而是变成了乔治所代表的具有崇高献身精神的球队成员的象征。杰夫告诉我,整支球队决定,在那个赛季所剩的时间里,每一场比赛都向乔治致敬,并决心成为像乔治一样无私无畏的球员。杰夫说,他总是把在这顶红色头盔带到赛场,每当球队在球场上出现气馁的时候,他都会拿出这顶红色头盔,提醒球员们在为什么而战。

观看这支球队比赛的时候,我见到的是一支有着共同愿景和伟大目标的团队。这顶头盔是一个具象的提醒,告诉球员们不是为了自己而是为了向乔治致敬而比赛。

让愿景与目标鲜活起来

为了保持愿景与目标的生命力,需要让它们变得鲜活起来。这意味着,团队里的每一个人都活在这个愿景与目标之中,每一双眼睛都能看见这份愿景,每一颗心都被这个目标打动。想要团队的愿景与目标有生命力,就必须使其在每一个成员心中有实际的意义。

在与位于南卡罗来纳州的棕榈健康（Palmetto Health）公司管理层交流之前，我采访了在该组织下属医院工作的员工，询问棕榈健康公司的愿景，以及公司的愿景对他们每一个人意味着什么。令人惊奇的是，每一位员工都能准确表述公司的愿景与目标，并能清楚地说出公司的愿景与目标对他们的意义，以及如何激励他们努力工作。

让每个成员都认识团队的愿景和目标对自身的意义，并且思考如何为愿景与目标贡献自己的力量，有利于打造一支强大的团队。研究表明，当人们认识到自己可以如何为共同的愿景与目标努力时，他们投入工作的积极性与激情就会倍增。一个组织的愿景与目标是借由团队每一个成员所做的点点滴滴而萌发的。

选出一个关键词

想要让团队愿景与目标变得生动，最有效的方法之一是"选出一个关键词"：让团队成员评选出最能使他们在这一年感到有意义、有使命感、充满激情、目标明确的一个词，每年仅限一个词。

第3章
为宏大的愿景团结协作

这个方法被我的朋友丹·布里顿和吉米·佩奇（Jimmy Page）连续用了二十多年，每年被选中的词语在很多方面改变和激励了他们的团队成员。大约八年前他们告诉我，在每年的新年前夜，他们都和家人一起进行这项"选出一个关键词"的活动，每个人还将自己选择的词用图画表示出来，然后将这幅画挂在厨房里，提醒自己按照这个目标过好这一年。

我认为这是个很棒的主意，开始在我的家庭里实行，同时也将这个方法分享给很多领导者和团队。这是一项有积极作用、能带来很大改变的活动。领导者们分享的关键词，大多是"热爱""梦想""投资""出发""执行""无畏""生活""关系"。克莱姆森大学橄榄球队主教练达博·斯温尼（Dabo Swinney）在赢得了全国总冠军后的采访中表示："我今年选择的关键词是'热爱'。我告诉队员们，你们对彼此休戚与共的热爱，最终将带来非凡的改变。"

如今，这个有效的方法受到了人们的追捧，成千上万的团队每年都会选择一个最能在工作和生活中鼓舞他们的关键词。汽车零售巨头亨德里克汽车公司（Hendrick Auto）还打造了一辆"关键词汽车"放在公司的总部，车身上写满了每一位员工选择的词，每当员工走进公司大楼的时候，都能看见自己写的那个词，提醒他们去努力实现目标。有些学校开始印制"关键词T恤"、建造"关键词墙"，公司和医院也常常将关键词张贴在会议室和办公室里。

使用这个方法时，我会请别人在选出一个关键词的同时，思考为什么选择这个词，这赋予了该方法真正的意义，让其成为一个强效的目标生成器。

确保每个人都在同一辆巴士上

每当我想到团队这个概念时，我的头脑里就会浮现出一群人登上了同一辆巴士，巴士带着他们朝着共同的愿景与宏伟的目标驶去。倘若团队成员坐的不是同一趟巴士，那么可想而知，这个团队无法朝着共同的目的地前进。

团队有必要时常停下来，重新确认全体成员是否都在同一辆巴士上。假如在六个月之前的集体会议上确定了共同的愿景和目标，不能想当然地以为，每一位团队成员始终对愿景和目标都很清晰并为之振奋；不要因为你们身处同一个团队、同一栋大楼里

第 3 章
为宏大的愿景团结协作

工作,就误以为你们也总是坐在同一趟巴士上。

重要的是要偶尔停下车,问问大家,"我们是不是还在同一辆巴士上?"如果发现有一些成员已经提前下车了,就需要讨论原因,并且处理好相关的情况。我们将在后面的章节里具体讨论这个话题。

所有人意味着每一个人

我所说的所有人,指的不仅仅是你的团队成员,而且还包括所有可能对你的团队成员造成直接影响的每一个人。

举个例子,如果你们是高中或者大学运动队,那么,我强烈建议运动员的父母也应该登上这辆巴士,因为家长能够透过对孩子的言传身教,极大地影响球队的文化。让队员的家长们理解和接受球队整体的愿景和目标,对建设团队文化和建立一支强大的团队会起到促进作用。

商业也如此,当 Superfeet 公司总裁约翰·劳沃拉组织管理团队举行外出静思活动时,他邀请了管理团队成员的伴侣及其重要的家庭成员一起参加活动。约翰需要"每一个人"——他的管理团队成员及其家人都了解公司的战略、规划和成果。管理团队成员的伴侣和重要家庭成员在充分理解公司面临的困难、所追求的愿景与目标的基础上，也融入了团队文化中，会更加支持公司的工作，理解自己的丈夫或妻子需要为公司的成功付出多少心血、投入多少精力。活动结束后，其中一位团队成员的妻子甚至对她丈夫说，"你应该每周六都去工作，以确保实现我们的目标。"

当每一个能影响到团队成员的人都登上了巴士、分享着愿景与目标时，这个团队将拥有不可阻挡的前进动力和正能量。

04

第 4 章
正向团队总是积极乐观

团队在为了共同的愿景和目标奋进时，一定会遇到各种挑战与挫折。有的时候，你们苦苦挣扎，忍不住想要放弃；有的时候，你们四面楚歌，几乎过不去坎；有的时候，你们艰难竭蹶，在竞争对手面前毫无还手之力。我见过许多团队在面对挣扎、困苦、沮丧、畏惧、消极、阻碍时选择了放弃，他们在困难面前以为无能为力，从而丧失了前进的信心。团队不应该轻言放弃，不应轻易被恐惧感打败。你要知道，对一个有信念的团队而言，一切皆有可能；你要坚信，对一个拥有信念、热爱与希望的团队而言，一切困难都能被克服。你应该相信，你的团队能够坚守愿景与目标，并积极地实现梦想。

保持积极乐观

大部分团队在起步时期都是积极乐观的，比如，一个赛季刚开始的时候、一个项目刚启动的时候、一场竞选刚宣布的时候、一家公司刚成立的时候，团队的每一个人都精神抖擞，随时随地准备战斗。随着时间流逝，团队遇到的困难与日俱增，队员们曾经拥有的积极态度与饱满热情也随之消散。我认识的所有伟大团队，自始至终都能保持积极向上的精神面貌，即使在面临阻碍、挑战、挫折与困难时，仍然有着积极乐观的态度。

在给体育队做培训时，我总是说：你们每个人在训练营里看上去信心满满，这并不稀奇，毕竟你们只是在训练营里接受培训，没有经历真正的失败；在训练营里，你们没有打过一场真实的比赛，也体会不到被对手击败的痛苦。但是，在任何赛季中想要取得优异成绩，关键是在任何失败的面前始终积极进取，并在一整年里保持这样的积极心态。

这一点对于学校也适用。我最近和温蒂·霍奇（Windy Hodge）校长进行了交流，她将我的《动力巴士》引进了校园课程。她告诉我，在实施这个项目之前，学校只关心哪些工作做得不到位、哪些学生做得不够好；现在，她的教师团队会更多关注大家做得好的地方，态度的积极转变为学校带来了巨大改变。在艰难的学年里，很多学校变得负面消极，温蒂的团队却始终积极

第 4 章
正向团队总是积极乐观

向上，最终给学校带来了巨大的发展。

这些故事听起来像是陈词滥调，然而，很多时候促使我们实现愿景与目标的，正是自始至终保持积极乐观的态度。很多团队做不到积极向上，最终自毁长城，那些一直保持积极乐观的团队则变得越来越优秀。

团队的共同信念

达博·斯温尼在就任克莱姆森大学橄榄球队主教练后的第一次会议上随身携带了两张纸板，第一张纸板上写着"我不能"，但"不"字被斜线划掉，第二张纸板上面写着"相信"。他知道，球队队员和外部人士都对赢得比赛没有信心。克莱姆森大学球队一直被人诟病的是，他们常常莫名其妙地输掉一场胜利在望的比赛。由于他们太多次错失好局，以至于有了"克莱姆森式输球"这样一个专用词，用来形容一场令人失望的比赛。

达博之前从来没当过主教练或者协调员。孩童时代，父亲就离他而去，少年时很长时间居无定所。然而，这个始终对自己充满信心、终于成为亚拉巴马球队候补队员的人，这个一度离开球场到房地产业谋生的人，这个回归球场并相信一切皆有可能的人，在来到克莱姆森大学橄榄球队的那一刻就清楚，他的首要任务就是要激励球队再次拾起信念。最终，他做到了这一点。

　　克莱姆森大学橄榄球队成了一支重拾饱满信念的团队。在长达六年的时间里，我目睹了达博的信念如何改变了这支球队，更重要的是，我看到每一个队员如何用自己的信念带动了其他队员。

　　当 2016—2017 赛季全国总决赛离结束还剩两分钟时，亚拉巴马队依然比分领先，当时我就坐在球场边线旁边，看上去，亚拉巴马队已经锁定了总冠军。此时，克莱姆森大学队的四分卫德肖恩·沃森（Deshaun Watson）在场下把队员们召集在一起，对他们说："让我们一起成为传奇吧！让我们一起成就伟大！"在那个时刻，沃森和他的队友们心怀同一个信念：全力向前推进，直达对手腹地，赢得最后胜利。最终，他们成功了！最后那一刻，仿佛这些年的所有付出、一起流下的汗水、对团队和队友的信心，都凝聚在最后一攻里：比赛时间仅剩最后四秒的时候，克莱姆森大学队完成达阵，改写了比分，赢得了全国总冠军。

第 4 章
正向团队总是积极乐观

在《正向领导力》一书中，我讲述了达博·斯温尼教练的坚定信念如何影响了他的球队，以及诸如四分位队员卫德肖恩的信念对整个球队士气的影响。

成功的团队不仅有优秀的教练、优秀的经理、优秀的校长等优秀领航人，更有团队内部领袖来激发每一个人对彼此的信心。

团队成员对团队领导者的信任非常重要，而团队成员之间彼此的信任则更重要。要想一起做成伟大的事情，就必须彼此信任。

彼此鼓励

我喜欢散步，却不喜欢跑步。几年前，在葛底斯堡战役旧址，我和女儿一起参加了菲亚特克莱斯勒赞助的曲棍球训练营。有一天，我决定加入我的朋友丹·布里顿和音乐家克里斯·里甘（Chris Regan）的队伍，跟他们一起慢跑五英里。布里顿与我合著了《一个关键词》(*One Word*)。

听起来这似乎是个不错的计划，但是，刚跑完两英里，我就开始后悔自己的这个决定太冲动了。当跑到三英里的时候，我很想停下来不跑了，但我知道不应该这样做。最后两英里几乎都是上坡路，我感觉自己累得随时都可能晕倒在地。所幸丹恩和克里斯在一旁不断地给我加油鼓劲，终于让我坚持到了终点。那一刻，我真是百感交集。

第二天，当我用慢走来释放体内的乳酸时，我在想：昨天如果只有我自己一个人跑步的话，在三英里的时候我肯定就放弃了，绝不可能跑完五英里。正是因为身边两位朋友不断的鼓励，我才能坚持下来，竭尽全力挺过了最艰难的一段路程。

团队成员也一样，无法靠单打独斗获得成功，每个人都需要一个正向团队的助推和激励，每个人都需要来自团队伙伴的鼓舞。

作为一个团队，你们要彼此鼓励、加油、相互扶持。相互鼓舞会让你们变得更加坚强，从而让团队变得更加强大。

喂养积极的"灵犬"

优秀的团队都是积极向上的。团队的集体信念、极具传

第 4 章
正向团队总是积极乐观

染力的积极态度，源自每一个人的信念，每个人都在促进团队形成积极态度、集体信念和正能量。事实上，一个人不可能分享他没有的东西。要成为一个正向团队，团队里的每一个人都必须在内心里培养积极乐观的态度，并与团队里的其他人分享。

我在《正向灵犬》(The Positive Dog) 一书中写到，马特（Matt）和布巴（Bubba）是两只住在收容所里的宠物犬，马特常常消极悲观，人们给它取了一个难听的外号叫"杂毛"（Mutt）。布巴总是积极乐观，它给马特上了十分重要的一课。布巴对马特说："我们的内心住着两只'灵犬'，一只消极，另一只积极，它们时时刻刻都在我们内心里争斗，最终，你不断喂养的那只狗将赢得胜利，所以，多喂养积极的那一只吧。"

这个故事的原型是一个关于两匹狼的古老寓言故事，但无论是关于狼的故事还是宠物犬的故事，抑或是人的故事，都表达的是，在每个人的内心，每天都会有积极与消极的两个自我在交战。在每一个时刻、每一种场景下，你和团队都在面对和经历积极与消极的内心对抗；每一天，你们都在喂养积极或者消极"灵犬"中的某一只，被喂养的那一只将不断在你们的心智里成长。

你们要多多喂养积极的那只"灵犬"。每天既要喂养自己的"灵犬",也要喂养团队伙伴的"灵犬"。对积极的"灵犬"喂养得越多,它就会成长得越茁壮,而另一只消极的"灵犬"就会变得越弱小。

说服自己的内心

当提到"喂养正向灵犬"这个概念时,我想起了詹姆斯·吉尔斯(James Gills)博士,他曾六次完成双铁人三项[①]的奇迹,并且他最近一次完成双铁人三项时已经年满 59 岁。

当被问及是什么支撑他完成这样的壮举时,他的回答给了我很大启发,他说:"我学会了主动跟自己对话,而不仅仅是倾听内心的声音。"他背诵励志名言,在需要鼓励的时候背给自己听。吉尔斯博士说道:"如果我只是听从内心的声音,那我能听见一万个想要放弃的理由。我听到内心在说'我太累了''我太老了''我太虚弱了''我做不到',但是,当我主动跟自己对话时,我可以说些让我坚持跑完比赛的话,给自己鼓劲。"

---

① 双铁人三项是一种连续完成两次完整铁人三项,并且两次之间只允许休息 24 小时的超高难度项目。

第 4 章
正向团队总是积极乐观

生活中也是如此，我们常常从自己的内心听到抱怨、自我怀疑、恐惧，听到各种造成不幸、失败、未达成目标的负面声音。心里有负面的念头，并不代表你就要任它摆布。

大部分负面想法源自恐惧，但事实上，恐惧心理在欺骗你。我学会了很重要的一点，就是不相信负面的声音。我们可以给内心喂养一些积极的信念，我们可以选择接纳积极正面的言语、思想、说辞、信念，给自己以力量和动力去迎接挑战，去创造非凡的生活、打造优秀的团队。

无论生活中遇到什么阻碍，都要让心中充满正能量，坚持不懈地向前奔跑。在你和你的团队冲过胜利的终点线时，高举双手为自己的勇敢喝彩吧！

"有幸可以"代替"不得不"

不知道从什么时候开始，我们变得不再珍惜工作，也不再关爱一起共事的同伴。对有些人来说，工作变成了一种负担；对另一些人来说，工作是为了获得某种头衔。人们不再珍惜工作的机会以及积极奋斗的过程。

其实，只要简单地改变一下措辞，就能转变人们对待工作的态度。不要再说你"不得不"做某件事情，而是要感恩终于"有幸可以"做某件事情。

你有幸过上今生的生活，你有幸可以和团队一起干一件有影响力的事情，你有幸可以学习和成长；你有幸可以上班，而有些人正在绞尽脑汁想得到一份工作；你甚至有幸可以开车被堵在水泄不通的路上，而有些人根本买不起车；每天早上，你有幸可以睁眼醒来，而有些人英年早逝、撒手人寰。

当你把生活里的"不得不"都换成"有幸可以"，过去的一切抱怨都可以变成感恩。当心怀感恩的时候，你就为自己和团队带来了精神上的升华。

请记住，生活和工作是一份礼物，而不是负担。不要再为了获得某种标签而活着，开始感恩你和团队被赋予的宝贵机会吧。

在下一次机会来临时创造奇迹

另一种喂养"正向灵犬"的方法是调整我们看待周围世界的视角。

第 4 章
正向团队总是积极乐观

在春季训练期间，我拜访了几支有争冠实力的棒球队，交流中，我从各队队员和教练那里总是听到一个观点：棒球运动是一项伴随着"失败"的运动。即使是顶级的球员也有三分之二的失手概率，四投三失误这样的情况对绝大多数球员来说是家常便饭。投手们甚至会直接放弃本垒打，外野球员也经常接球失误。

棒球的确是一项极容易出现失误的运动，我对此却有截然不同的视角。在跟球队交流的时候，我跟大家分享道："我不认为棒球是一项关于失败的运动，相反，我认为这是一项关于机会的运动。不论上一个球你们处理得如何，投手也好、击球手也罢，都有机会用下一个球来创造奇迹。"

生活中亦是如此。所有追求成功的人都会有失败的时候，我也曾经在很多失败的球队效力，回头看时，我意识到，其实我们并没有失败过，我们只是在成长。从经历中我学到了一点：与其沉沦于过去，不如在下一次机会来临时创造奇迹。

失败是锤炼自我的宝贵机会

谈到机会，有一点至关重要，就是在面对挑战的时候，你和团队不要把挑战视为困难，而应将其看作机会。你可能会失败，你可能会输掉比赛、失去客户、失去项目或者搞砸关系，但是你不应该受失败的影响，而应该把失败视为一次锤炼自我的宝贵机会。

英国曾有人对500名富翁做过研究，这些人皆是富甲一方、家庭美满、事业有成、生活幸福。当深入到他们令人羡慕的生活时，研究人员吃惊地发现，这500人中的每一位都经历过苦难。在外人眼里，他们拥有幸运的生活，但事实上，他们每一个人都曾经面对挑战、困苦与挫折。难能可贵的是，即使在最苦难的时候，他们都表现出同一种品质：将不幸转化成机会。他们在困境的迷雾中不断探寻，最终找到了属于他们的机会。

一个团队必须时刻谨记，任何意外都可能发生，挑战随时可能到来，而你们需做的是，不要陷进泥潭，也不要就此沉沦，要始终抬头向前看，并寻求机会和有利因素。要问自己："我们如何才能从这样的经历中学习？我们如何从中获得成长？我们现在要做些什么？我们该采取怎样的行动？"只要坚忍不拔，团结一致，就能化险为夷，扭转乾坤。

我的好友德怀特·库珀（Dwight Cooper）是人才管理

第 4 章
正向团队总是积极乐观

集团（Talent Management Group）首席执行官，他告诉我，他曾经担任世界奢侈品巨头 PPR 集团总裁，在大萧条时期，集团的生意大幅下滑，但他们并没有因此消沉，没有被巨额损失击垮，而是聚在一起不断自问，在这样的逆境下是否存在着新的机会。由此，他们发现了行业内对其他人力资本解决方案的需求，于是集团成立了三个新的业务部门，并迅速将工作重心转向这几个部门的发展，最终带来了可喜的成绩和巨大的收益。

当鲨鱼而不是金鱼

在《鲨鱼和金鱼》（*The Shark and the Goldfish*）一书中，我讲述了变革的浪潮随时来袭，团队将面临抉择。你们可以拒绝变化，也可以选择踏浪起舞、顺势而为。

调查发现，不论是个人、公司或者团队，在大萧条中存活下来的，都是选择了拥抱变化的。鱼缸里的金鱼总是期待能过风平浪静的日子，希望每天有人喂食。与此相反，那些正向团队总是拥抱变化，寻找机会捕获更多的食物。他们成功的关键是其所拥有的视野,即如何看待自己正在经历的这场变化。那些将变化视作洪水猛兽并试图螳臂当车的人,都被巨浪冲刷得杳无踪迹;那些将变化视为天赐良机的人,都立于浪潮之上,奔向了更好的未来。

保持新手心态

许多团队受制于我常说的"经验诅咒",他们沉溺于过去的好日子,对当下发生的事情看不顺眼,更不愿意改变自己。他们任由过去的经验影响自己对现在的认知和对未来的判断。

在大萧条时期,一些房地产公司邀请我去帮他们鼓舞士气。每次我开始演讲之前,公司通常会给业绩最好的员工发奖,我发现,获得奖励的大多是刚加入公司的新人,很多老员工尽管有着丰富的工作经验,但在经济形势不景气的时候业绩大受影响,因为他们没有选择成为拥抱变化的鲨鱼,而是带着金鱼的心态安于现状。他们因为害怕失败而不敢作为,听任环境决定自己的命运。他们只会抱怨经济环境,而不去创造机会。老员工们受制于"经验诅咒",我给他们最好的解药就是再次变得像初出茅庐的新

第 4 章
正向团队总是积极乐观

人一样去思考。

新人不会受制于拒绝、消极、假设或过往经验,他们往往满怀理想主义、乐观积极的态度以及对工作的热忱。他们不在意别人怎么说,相信一切皆有可能,善于捕捉机会。新人总是埋头苦干,斗志昂扬,无所畏惧,他们因为天真率直,反而更容易成功。新人经历不多,没有对事物的成见,没有过往经验,正因为此,他们能够专注于当下,努力创造美好生活。

不论你或者你的团队拥有多么丰富的经验,我都希望你们的经验成为财富而不是诅咒。让经验为你的专业技能加分,让新手的心态为你带来乐观与激情。时刻保持新手心态,忘记过去,开拓美好的现在吧!

战胜墨菲定律

我相信你一定听说过墨菲定律。简单地说,是指如果事情有变坏的可能,不管这种可能性有多小,它总会发生,而且往往发生在最糟糕的时间。不幸的是,墨菲定律经常出现在我们的生活中,而且很多时候祸不单行,一连串坏事情接踵而至。与其总是抱着侥幸的心理，不如从现在起就预想最坏的情况，并据此做出应对的准备。

美国职业橄榄球大联盟的著名教练古斯·布拉德利（Gus Bradley）是我所见过的最有正能量的领导者之一，他曾经跟我分享如何帮助球队应对最坏的情形，比如被对手拦截、被犯规、受伤、糟糕的天气等，并消除由此而生的"受害者"心态。布拉德利教练告诉队员们，有一个名叫墨菲的人提出了一个以自己名字命名的理论，这个叫墨菲的混蛋想要破坏他们的训练，毁掉他们的比赛和整个赛季。布拉德利教练说，这个叫墨菲的混蛋总是在情况糟糕的时候出现，但是球队决不会害怕墨菲，相反，他们要好好教训一下这个叫墨菲的混蛋。如此一来，队员们在心理上准备好和墨菲正面对峙，迫不及待地想要给墨菲迎头痛击。

人的一生都充满了挑战，但你可以从中脱颖而出；生活不可能一帆风顺，但你可以保持坚强。生活中的挑战并非无中生有，但你具备战胜挑战的能力也是千真万确。正如我的朋友欧文·麦克马努斯（Erwin McManus）所言："伟大绝非诞生于安逸，世界变得越苛刻，我们就变得越强大。"

第 4 章
正向团队总是积极乐观

因此，当困难来袭时，不要逃避、不要畏惧，要去面对、去承担，勇往直前。墨菲是个强硬的魔头，但你们更有铮铮铁骨。

力量由内而外

积极的团队具有如此强大的力量，是因为他们知道世界不是由外在决定，而是源于内心创造。也就是说，你周围的环境和世界正在发生的事情都不能影响你；相反，应该由你来规划周围的环境。力量不是来自周围的环境，而是来自你内心的状态，来自你的热爱、激情、灵魂、目标，以及你所具备的视野。

以交通堵塞为例来说明这个问题。一天遇到堵车，会让你十分恼火；而在另一天，你正在听一个不错的歌曲或者广播节目，堵车就不那么令你心烦了。到底是周围的环境还是自己的状态决定着你的感受？假如你认为是环境起决定作用的话，那么在上述这两种情况下，你的感受应该是一模一样的。

请记住，环境并不起决定作用，决定性因素不是那些你和团队面对的挑战、变化、困难或者挫折，而是你的心理状态和对环境的看法与思考。

你的公司也许正面对艰难的挑战，你和团队可以选择以积极的态度投入工作，齐心协力完成任务，并给其他部门带来积极影响；你所处的行业也许正面临巨大的变革与混乱，你的团队可以用积极的行动为整个行业带来变化；你所在的学区也许正面临缩减预算和教育改革，你的学校可以成为一个积极的模范为其他学校树立榜样。

不要一味关注世界上的各种问题，更不要让它们把你变得消极。多关注你的内心和团队，思考如何由内而外改变环境。不妨做一个决定，向周围的人展示一个正向团队是什么样的、能实现怎样的成就。所有的力量都源自内心，当你和团队认识到这一点并坚信不疑时，你们将给周围的环境带来令人惊喜的积极变革。

信念重塑现实

正向团队有能力重塑现实。我们通常认为，现实是客观存在的，但当你了解在历史的长河里无数正向团队是如何改变世界的，就会认识到：一个积极向上的团队有能力决定现实，并且积极地影响现实。

第 4 章
正向团队总是积极乐观

苹果手机、iPad、苹果云服务、苹果智能手表之所以诞生，源于史蒂夫·乔布斯别具慧眼、积极创新，与生俱来拥有改变世界的梦想。在《乔布斯传》(Steve Jobs)里，沃尔特·艾萨克森(Walter Isaacson)讲述了乔布斯如何不断地说服苹果公司的员工，让他们在所有人都认为不可能的期限之内完成了工作。当时，人们三番五次地告诉乔布斯，他是一个不切实际的疯子，团队根本不可能在他希望的那么短的工期内完成软件开发和硬件制造。后来，乔布斯成功地改变了现状，把大家从消极保守主义（有些人称之为现实主义）带入到积极乐观主义。于是，人们一次又一次完成了曾经以为不可能实现的任务。乔布斯的坚定信念极具感染力，苹果公司也因此成长为世界上最伟大的企业之一。

当你的团队成员互相分享乐观主义和共同信念并重塑现实时，你们将创造非凡的奇迹。

恐惧与信心

从根本上讲，要成为一个正向团队，就要在充满愤世嫉俗、消极悲观、恐慌畏缩的世界里满怀信心地努力工作。每一天，我们在生活中所面对的终极挑战，是我们内心里恐惧与信心的对决。

团队成员需要认识到，你的伙伴们每天都在面临着考验，他们的内心充满着恐惧、质疑和茫然。你的工作就是去激励他们，给他们带去信心。团队成员之间可以相互提醒，始终意识到恐惧和信心如出一辙，都是对未来未发生事情的一种执念。恐惧代表对未来持悲观态度，而信心则表示坚信未来会朝乐观的方向发展。既然两种情况都还没有发生，为什么我们不能选择相信未来是乐观的呢？为什么我们要认为更好的日子不是在明天而是在昨天呢？

可以告诉你的团队，如果你们相信美好的时光已经成为过去，这会成为事实；如果你们相信明天会变得更好，这也会成为事实。信心至关重要，对未来抱有信心吧，并积极为之努力工作，让美好的明天变成现实。

积极态度的实验

我的好友凯特·莱维尔（Kate Leavell）曾是佐治亚州一所

第 4 章
正向团队总是积极乐观

高中的网络球队教练，我曾经在她的球队里做过一项实验，最终在那个赛季改变了球队文化。实验之前，虽然凯特带领球队节节胜利，但她对执教失去了热情，而且，队员们每场比赛的表现和对比赛的投入程度像过山车一样起伏不定。凯特知道，她在执教中缺失的一项工作是打造一种积极的团队文化。因为她担心文化建设活动会耽误时间，影响到球队的正常训练。同时她也担心，如果她表现得轻松友善，队员们就不会在乎她的威信了。

后来，凯特首次接受了"胜利只是附带必然结果"的事实，开始将精力集中在培养队员的能力和打造积极的团队文化上。她决定停止批评任何人，改为对优秀的表现给予当场赞扬，同时把不足之处列入训练计划加以改进，由此转变了不利于团队长期发展的负面沟通方式。过去，凯特在中场作息的时候会列举一系列亟待改正的错误并提出批评，如今，她只给队员正向反馈，告诉他们上半场哪些地方做得很好，哪些地方在下半场还可以做得更好。可以看出，同样在给队员们提供指导，但不同的是，新的沟通方式传达出凯特对队员们能做得更好的信心。每一场比赛结束后，无论输赢，队员们都在场上围成一圈，为彼此的优秀表现呐喊欢呼。队员们不再紧盯着失误，而是关注相互之间的配合、场上的表现和拼搏精神。

很快，球队开始复制这种积极的协作模式，他们在赛场上结成小组，自发地解决局部问题。后来，他们在训练中也形成小集体，相互鼓励，积极切磋，共同探讨战术，并为此兴奋不已。

如今，每一次比赛不论上半场落后多少分，到了下半场，球队往往能实现惊心动魄的大逆转，甚至取得历史性的胜利。这个在本州70多支球队中只位列中游的球队，居然实现了十二连胜，在常规赛季中名列前五。

这是他们首次获得全国大赛的席位，并有机会进入全国四强。上半场比分为3∶7，似乎这一赛季的旅程和新模式实验都要到此为止了，但凯特坚持兑现着自己的承诺，继续积极地引导队员们用那些从前曾经帮助他们突破各种艰难困境的经历鼓舞自己，此时此刻，这就是队员们最需要的。其实，他们知道上场后该做什么，他们只是没有足够的信心去大胆地表现。在下半场，队员们带着对自己实力的绝对信心和对彼此的信任，最终以13∶10赢下了这场比赛，取得了全国季军的好成绩。不仅如此，在那一赛季他们还打破了球队的多项纪录，比如训练时间最短，

第 4 章
正向团队总是积极乐观

休息时间最长,甚至取消了每周六的例行训练。

凯特的实验生动地展示了一个事实:积极乐观与获得胜利之间并不是二选一的关系,积极的态度必将带来胜利,因为正能量带来行动力,最终带来好的结果。

锲而不舍地相信

尽管遇到了无数的困难,甚至很多次几近失败,但是,杰克·多西(Jack Dorsey)的推特团队一直坚信能为人们提供最好的信息与交流平台;凭着坚定的信念,马克·扎克伯格(Mark Zuckerberg)的脸书团队改变了人们交友的方式;埃隆·马斯克(Elon Musk)的团队成功打造了世界上第一台电动跑车,并发射火箭到外太空;拉里·佩奇(Larry Page)和谢尔盖·布林(Sergey Brin)的团队将 Google 变成了一个代表搜索的动词,彻底改变了我们查找信息的方式;打造电影《黑豹》(*Black Panther*)的漫威团队降低了电影制作的门槛,取得了票房上的巨大突破。

上述每一个团队都经历过困境、挑战、阻力、消极,甚至面临彻底失败的可能，但是他们都锲而不舍、永不放弃。有很多书描述伟大领导者是如何取得成功的，但那些改变人们生活方式、改变世界发展轨迹的重大科技创新和突破，却是由具有正能量的集体实现的。

你和团队也会面对诸多困境、阻力和消极因素，但请记住，你们的乐观积极心态、执着信念所具有的能量，远大于那些消极、恐惧与怀疑心态的影响。你要跟团队分享你的信念，开诚布公地交流，讨论面临的挑战以及如何能够克服困难。你要直面令人望而生畏的难题，不要忽视它们，要充满坚定信念地去面对它们。

诚然，在生活中你将面对看似远比你强大的对手，但你一定要明白，困难绝不是一个不言放弃团队的对手。不论发生什么，都不要放弃你的信心。

胜利在望

在艾伦·穆拉利担任福特汽车首席执行官之后的几年里，全球经济开始下滑，行业环境每况愈下，企业面临自1929年大萧

第 4 章
正向团队总是积极乐观

条以来最糟糕的财务状况，穆拉利和他打造的"同一个福特"团队为重塑公司、生产世界一流汽车所做的努力，似乎都将付之东流。谁知，当经济触及谷底、看似毫无希望的时候，美国政府促使福特公司的竞争对手破产退市了，瞬间，整个市场发生了大逆转。穆拉利和他的团队一直保持着积极的心态，并对他们的计划和福特公司的未来充满信心，他们坚信曙光就在前方。这样的信念最终使得收入创纪录地上升，在经济复苏后，公司的销售业绩呈指数式增长。

2017 年全美冠军赛中，亚拉巴马队与克莱姆森队的上半场比分为 14 : 7，情况看起来对后者很不妙，但我环顾克莱姆森队更衣室里的队员，并没有看见任何一个人对赢得比赛有半点怀疑，所有的队员都坚信胜利的曙光就在眼前。

在过去三个 NBA 赛季里，我一直与迈阿密热火队合作。去年常规赛季过半时，他们的成绩是 11 胜 30 负，但整支球队拒绝放弃，并始终坚信胜利就在前方。没想到在接下来的半个赛季中，他们竟然实现了 30 胜 11 负的大逆转，主教练埃里克·施珀尔斯特拉荣获美国国家篮球教练协会（NBCA）颁发的年度最佳教练奖。迈阿密热火队没有超级球星，他们拥有的是一群彼此信任的队员，他们是一支拒绝被消极情绪打败的球队，尽管半程战绩不理想，但他们依然坚信胜利就在前方。

2017年美国超级碗杯赛季中，费城老鹰队的先发四分卫卡森·温茨（Carson Wentz）因为膝盖前交叉韧带撕裂无法上场，场外的每个人都认为他们的这个赛季已经提前结束了。但是老鹰队拒绝接受失败，他们一如既往地保持积极的态度、信任彼此，跟新的四分卫尼克·弗尔斯（Nick Foles）快速磨合。在不懈的团队努力、坚定信念、积极乐观态度与破釜沉舟的决心下，最终他们不可思议地赢得了超级碗杯总冠军。

我想你读到这里时已经发现一个共性：伟大的团队从来不向外部环境屈服，在一切看起来毫无希望时，他们也不言放弃。他们用积极的态度、坚定的信念、乐观的精神战胜一切阻碍，做到最好的自己，同时激励同伴做到最好。一个内心强大、具有正能量的团队，能够对抗一切外部消极力量。

因此，一个团队若要战胜外部压力，最重要的一点是不能容许内部有消极悲观的声音。外部的阻力对于一个正向团队来说无足轻重，但是，如果团队内部存在消极悲观情绪，必将造成团队

第 4 章
正向团队总是积极乐观

的分崩离析。正向团队知道,外部力量不足以击溃他们,最大的敌人是他们自己。

为了抵抗消极悲观的情绪,团队保持积极向上的态度是不二法门。前面我们讨论了很多持续拥有积极能量的方法,接下来我们谈谈如何直面、改变乃至彻底消除那些足以摧毁团队的负面影响。

05

第 5 章

对团队中的负面因素说不

要成正向团队，不仅要持续培养正向力量，同时还要及时清除负面因素。之前说过，积极并不意味着盲目乐观，负面因素总是客观存在的，不容忽视。团队经常犯的错误是对内部的负面因素视而不见。团队如果纵容负面因素的产生，任由其生长，这些负面的东西最终会对整个团队造成破坏。因此，团队必须找出这些负面因素，直面它们，将其转变为正面的或者彻底清除。

我记得在2007年出版《动力巴士》一书后不久，就接到了时任杰克逊维尔美洲虎队主教练杰克·德尔里奥（Jack Del Rio）的电话。原来，有一个朋友向他推荐了这本书，他读完之后感觉很受益，就立即打电话问我是否有时间见一面。当时，这本书刚刚出版，还没有摆上书架销售，那时我还没有跟任何球队共事的经验，更不用说职业球队了。另外，我也从来没有跟像他这样高级别的领导者交谈过，所以，我感到紧张极了。

当我坐在他对面时，他告诉我，这本书让他意识到，原来他一直在纵容负面情绪像吸血鬼一样影响团队，他需要立刻对这些消极因素采取行动。同时，该书还让他意识到，他自己积极面对负面情绪，才能挽救球队。他邀请我对整个团队做一次演讲，我对他说，如果他同意让队员们人手一册我的书，我就很乐意做一次演讲。德尔里奥教练同意了。后来，团队里的大部分队员读了我的书，我也跟他们分享了书中的要点和思想。谢天谢地，他们在随后那个赛季表现非常出色，有史以来第一次闯进了季后赛。球队里的成员在接受媒体采访时，也不断引用"巴士""培养正向灵犬""对团队吸血鬼说不"等从书中学到的概念。我在写这本书的时候，并没有料到会有这么大的作用，但目睹了这支球队的变化后，我感到很荣幸能写出这样一本书，并帮助这个团队解决了负面问题，在他们成功的道路上起到了关键作用。

对团队吸血鬼说不

一个团队需要做出的最重要的决定之一，就是保证团队不受负面因素的破坏。

2011年，时任佐治亚大学橄榄球队主教练的马克·里希特（Mark Richt）要求他的球员阅读《动力巴士》，并邀请我对球

第5章
对团队中的负面因素说不

队做一场演讲。这场演讲发生在赛季开始之前,但是很不幸,赛季开始后,佐治亚大学队连输了两场比赛。跟前几个赛季相比,佐治亚大学队的表现远低于普遍预期。当时媒体都宣称,如果接下来的比赛没有好转的话,里希特的主教练位置应该是保不住了。

在球队遭遇二连败之后,我给里希特教练发了一条短信说道:"很抱歉,我没能帮到球队,但我对这支球队充满信心,我相信你们一定能扭转局面。"他回复道:"乔恩,不用担心,这些家伙都留在你所谓的巴士上呢。过去几年里,我们纵容团队里的负面情绪像吸血鬼一样伤害球队,但是今年不会,我们将对此坚决说不!"

里希特教练让一位艺术家绘制了一幅大大的吸血鬼画像,挂在更衣室队员们休息座位对面的墙上。如果教练或者某位队员的行为表现得消极的话,他们就从网上下载他的照片,将其贴在吸血鬼画像上。任何人都不想被当作团队吸血鬼贴到墙上。里希特教练通过这种方式向他的团队传达了一个信息:他们要保持正能量,去面对一切困境与挑战。

这一招果然生效了,这支球队随后拿下了十连胜,并最终闯入东南赛区联盟的总决赛。

从文化层面着手

我发现,消除团队负面因素最有效的办法,是从团队的文化层面着手,要让团队成员清晰地意识到,绝不会纵容团队吸血鬼的存在。要阐明负面因素带来的伤害;要明确指出,一个正能量的人无法成就一个团队,但是一个负能量的人足以毁灭一个团队;要讨论什么是优秀团队文化,以及为了形成这样的团队文化每个人可以做怎样的努力;要清楚认识到一个优秀的团队绝不是一群只会抱怨的人;要杜绝任何人成为负能量的源泉,因为这样会伤害整个团队;要打造一个正面积极的团队文化,让一切消极负面因素无法滋生和传播。

我认识的一位校长告诉我,她的学校里有几位消极的教师,她在学年开学之初来找我,说不知道应该如何应对这种情况。我提议她从建设正向的团队文化着手,这样能解决绝大部分问题。校长起初对此并不全信,但还是听从我的建议,将工作重心放在团队文化建设上,努力打造一支具有正能量的团队。

第 5 章
对团队中的负面因素说不

学年结束时，有一位消极的教师主动找校长提出辞职。这位教师表示，学校的风气实在太积极了，她感觉自己在学校里仿佛被强大的正能量碾压，实在待不下去，不论大家多希望她做出改变，但她就是不可能变成积极的人。

当你培育出正向的团队文化，让那些消极的人觉得十分别扭时，他们只能选择要么让自己变得积极，要么立即下车离开团队。不论他们选择留下还是离开，团队文化都会因此得到改善，团队将沿着正确的方向前进。

首先尝试改变

当你想打造一支正向团队时，内部却有一个团队吸血鬼在不断蚕食你的努力，该怎么办？很多人问过我这个问题，我认为，解决团队吸血鬼的第一步，不是立刻清除而是先试图改变他们。

没有人想成为团队吸血鬼，消极的人往往都是有原因的。解决这个问题的第一步，是带着一颗同理心和关爱去倾听、理解、指点迷津，帮助他们改变。面对客观存在的消极情绪，我们不应该消极应对，也不要陪他们待在黑暗中，而是要为他们点亮光明。

七世代公司（Seventh Generation）领导人马丁曾经告诉我，他在自己办公室的门上贴了一张字条，上面写着"欢迎吸血鬼光临，准备好被改造吧！"他曾通过亲自跟公司的许多人进行建设性的谈话，多次成功地将团队里的消极情绪转化为积极的能量。

马克·里希特的球队里曾有几名队员主动走进他的办公室，对他承诺再也不当球队的吸血鬼了。后来这些队员有的成为美国职业橄榄球大联盟里炙手可热的职业球员，有的成为成功的商业人士。

里希特并没有将团队里的吸血鬼都赶下车，而是邀请他们继续与团队同行，并尝试转变他们。最终，他成功了。

清除负面因素

如果团队里的吸血鬼拒绝改变，又不愿意离开，该怎么办？如果他们继续以团队吸血鬼的角色留在车上呢？这样的例子我见过很多。总有一些人不愿改变自己，不论你提供了多少帮助，试着让他们做出转变和成长，他们还是一如既往地保持消极。

我听一位校长说，她曾经竭尽全力想让她的团队登上"动力巴士"共同前进。她跟大家分享了学校的愿景，问大家是否愿

第 5 章
对团队中的负面因素说不

意为之全力以赴,几乎所有人都表示愿意,但有两名教师发出了不和谐的声音。校长想尽办法,试图让这两位教师转变想法与态度,但没能做到,最终,她只能将这两位教师请下了"巴士"。这位校长告诉我,这两位教师去了另一个学校后,她的团队成员变得更加正面积极、更加热情高涨了。过去,这两位消极的教师干扰了学校立下的"带给孩子们积极影响"的使命和愿景,自从负面因素被消除后,团队的文化、精神面貌和积极性都发生了天翻地覆的变化。

如果转变的努力失败了,就必须将负面因素彻底清除。这听起来似乎不够正面,但为了集体利益必须这样做。这并不意味着你对这些消极的成员不负责任,而是你必须对团队里大多数人负责。清除消极成员后,你可以继续以朋友或者导师的身份为他们提供帮助,但不能纵容他们继续伤害你的团队。

如果读到此处,你发现自己正扮演一个团队吸血鬼的角色,那么你可以尝试改变,变得正面积极。我自己曾经这样做过,最终让我的团队变得更优秀了。我也目睹过很多人成功地从消极转变为积极,并帮助他们的团队变得更加优秀。

如果你本来就是一个充满正能量的人,那么我希望你和你的团队能尽早帮助团队里消极负面的成员完成转变。

杜绝情绪化

有一次，我去探访一个大学女子篮球队时了解到，她们经常不得不把球队里的一名队员赶回家，因为她经常闹情绪，对球队造成了很坏的影响。我问她们，这样的事情有没有发生在其他队员身上，她们说还有几名队员偶尔也会因为闹情绪被赶回家。我随后问到，这些球员是否一直都处于负面情绪中呢？教练告诉我，她们有时候积极，有时候消极，情绪波动很大，不论是队友还是她们自己，都不知道下一秒会出现怎样的状况。

在我和球队交流的那天，我告诉她们，保持稳定的情绪是极其重要的，我要求她们让自己成为传播正能量的人。我直截了当地对她们说，情绪化是错误的，因为当你变得情绪化时，周围的人不知道你会表现出什么行为，这会让人对你失去信心。我告诉她们，不论在学校或者个人生活中发生了什么，当踏进球队更衣室、进入赛场或者登上球队大巴的那一刻，你必须下决心为团队带来积极正面的影响。

第 5 章
对团队中的负面因素说不

为了打造一支优秀的团队，你和团队每天都应该保持积极正面的精神风貌，让自己每天都能呈现最好的状态。不要让负面消极的情绪影响你和团队。做一个情绪稳定的人，让每一个人都把你视为值得依靠与信赖的伙伴。

零抱怨规则

想要打造正向的团队环境，改变不良的团队文化，最好的办法之一是执行零抱怨规则。

零抱怨规则是指，除非你对想要抱怨的事情已经找到了解决方案，否则就不允许有任何抱怨。这项规则利于清除大部分不经过思考、对团队有害的牢骚和埋怨，同时引导你和团队积极寻找解决问题的方案，而不是将注意力放在问题本身。毕竟，抱怨是不会解决任何问题的。如果只是抱怨，关注点就会停留在你目前所处的位置，而不是你想要达成的目标。

里奇·威尔克森（Rich Wilkerson）在迈阿密三一教堂的领导团队里施行了零抱怨规则，给他的团队带来显著的影响。随后，他们将这样的经验传授给志愿者和教众们，让整个教会的文化朝着积极正面的方向不断改善和进步。

我从上百家公司、学校和团队那里得到反馈，他们都通过这一简单、有力且实用的法则带来了转变。德怀特·库珀和他的团队发明了零抱怨法则，他领导的PPR集团不仅每年都当选最佳雇主企业，而且业务收入也取得了惊人的增长。亚特兰大猎鹰队前主教练迈克·史密斯（Mike Smith）还专门建了一个零抱怨训练营，队员们的精神面貌在训练营里和整个赛季中都焕然一新，表现出巨大的进步。许多学校和医院也引入了这个法则。人们惊喜地看到，当团队里的每一位成员都成为问题解决者而不是麻烦制造者时，所带来的变化是多么惊人。

这一规则十分简单，却能指导你和团队成员每天都表现得积极正面，而不是成为团队的吸血鬼，成为只会抱怨、指责的人。当你和团队的注意力放在解决问题而不是抱怨问题上，你们的表现将更上一层楼。

清除与培养

关于如何培养正能量、清除负面因素，迈克尔·菲尔普斯

第 5 章
对团队中的负面因素说不

（Michael Phelps）和美国奥运会男子游泳队是一个经典案例。在接受鲍伯·科斯塔斯（Bob Costas）的采访时，菲尔普斯对于他们如何在2016年里约奥运会举办之前将团队打造成一支正向团队做出了以下陈述：

你会经常听见大量的负面信息和某些人的抱怨。在训练营的一次会议上，我对同伴们说，我们需要做好准备迎接奥运会，这是我们的使命。如果你有什么负面想法，那就把它们憋在肚子里，不要影响其他人。我们团队的态度越积极，就越能表现优异。在我说出这些话之后，整个团队变得更加团结，并开始走上正轨。

当我听到菲尔普斯的这些话时，深有同感，因为他所分享的正是这些年来我无数次目睹的事实。一支有天赋的团队可以取得较好的成绩，但是他们只有团结一致，拧成一股绳，才能成就卓越。正能量是最好的黏合剂，能够增强团队内部彼此的联系，从而提升团队的整体表现。积极态度也能为企业团队、教学团队、教会团队、医院团队等带来极大的改变，如同它对奥运冠军团队起到的影响一样。

我曾见过一些能力一般但极具正能量的团队，最终取得了常人眼里不可能实现的成就。我也目睹了一些天赋极佳的团队由于受到负面因素的影响，最后取得的成绩让人们大失所望。

正向团队在面对挑战时态度积极、相互支持、信念坚定，能彼此激发潜能。正向团队不是随机诞生的，而是由所有成员共同清除负面因素、注入正能量而打造的。

你必须清除团队里一切负面消极的东西，培养积极的能量。这项工作要持之以恒，循环往复，最终将团队的潜能发挥到极致。

积极的冲突

我们要明确一点，扫除负面因素决不代表消灭反对声音。正向团队里允许反对声音存在，伟大的团队里也会有争执。当你们在相互争执时，并不意味着变成了一个负面的团队，在强大的团队中冲突是必不可少的。

虽然我发现，当一个团队里的正面互动多于负面互动时，团

第 5 章
对团队中的负面因素说不

队的整体表现更加出色，但这并不意味着正向团队里就不能有冲突。事实上，这样的冲突是必要的。

因为，当一个团队里只有和谐的声音、没有争执与冲突的时候，说明这个团队里没有人进行深刻的思考，没有人对现状表示质疑，没有人要求队友变得更好，也没有人提出建设性意见来帮助大家成长。开展困难的沟通是成为一支伟大团队的秘诀，我们将在后面的内容中讨论这个话题。

对团队成员提出反对意见，不会让你成为团队吸血鬼；如果你主观上是想让团队变得更加优秀，那么表达不满并提出一个更好的解决方案，不会让你成为一个抱怨者；向团队成员提出具有建设性的批评意见，不会让你成为一个糟糕的队友。需要确保的是，你在这样做的时候是带着积极正面的态度。

凯里·沃尔什·詹宁斯告诉我，她和她的沙滩排球搭档米斯蒂·梅-特雷纳经常发生争执，但她们总是能坐下来将这些问题讨论清楚，她们从来不会相互指责。

剧作搭档布赖恩·科佩尔曼和戴维·莱维恩也有意见不同的时候，但绝不会采取消极的方式。在创作过程中，他们积极相互分享，并且经常问对方："但是，如果那样做，会如何呢？"他们反复讨论，一旦达成一致就撸起袖子干。他们认为，共同目标是要合作完成创作，绝不能让自我成为阻碍。是谁的点子并不重要，重要的是采纳最好的主意。

我发现，在信任与尊重的基础上，积极的争执与冲突会让团队变得更强大；如果缺少信任与尊重，冲突就会对团队带来伤害。所以，冲突本身并不是问题，关键在于团队成员之间的连接和关系。

要想开展积极的争论，团队成员之间必须充分信任并具有良好的关系。我们由此引出下一个话题，即如何让团队变得更强大的一系列法则。这些法则不仅强调积极的心态，更强调积极的沟通、良好的连接和强大的关系。

第6章
正向团队的关键在于沟通与连接

积极乐观的氛围是一支强大团队的黏合剂，然而，想要成为伟大的团队，仅仅拥有积极乐观的态度远远不够，还需要通过相互沟通、连接、承诺和关怀，来形成良好的内部关系、强有力的纽带以及高度的凝聚力。

我接触的团队越多，就越能体会到建立连接是多么关键。就像艾伦·穆拉利通过将领导团队与公司的每个人连接在一起，打造了"同一个福特"的文化一样，你的团队也必须齐心协力，实现良好连接。

如果你是管理层的一员，那么，建立管理层成员之间的连接对组织至关重要。因为对于一个组织机构来说，如果高层的连接不紧密，基层就会松散。我曾经与很多失败的组织合作，发现它们的领导层都没有建立有效的连接。我只需要看看一支球队的老板、管理层以及教练组是否有良好的沟通和连接，基本上就能预判这支球队是否可能取得成功；只需要知道一个公司的领导层是否团结一心、是否建立了连接，就可以判断这家公司在市场竞争中有多大的胜算。

最近，我在一个涉及并购的会议上发表演讲，希望帮助两家公司的领导层顺利合并，组成新公司的管理团队。我们一起讨论了很多关于团队连接的话题，还做了建立连接的训练，结果我明显感受到，他们之间的隔阂被打破了。那天散会的时候，每个人都认为今后他们将会发展壮大，并且从此往后，他们不再是两个独立的管理团队，而是一个整体。我知道，他们已经走在通向成功的道路上，因为成员之间的连接大大增强了。

我曾经参加位于圣路易斯的慈爱医院（Mercy Hospital）的晨会，其领导层是我见过的凝聚力最强的团队之一，其连接力之强甚至让我感到吃惊，因此，这家医院的业绩能保持领先就不足为奇。

你们可能拥有最宏大的愿景与目标，但你们必须建立紧密的连接，才能最终让愿景和目标开花结果。

普通与伟大的区别在于连接

谷歌是全世界最优秀人才的乐园。近期，该公司发布了一项

第6章
正向团队的关键在于沟通与连接

名为亚里士多德计划（Project Aristotle）的研究，展示了最具生产力与创造力的团队有什么样的秘诀。令人意外的是，秘密并不在于专业科技知识，而是团队成员之间良好的连接以及内心的安全感。

团队成员之间的连接创造出一种信任和纽带，让每个人不必掩饰自我，敢于充分地表达，无须担心受到奚落。当团队建立了连接、信任和内心的安全感，并且感到有人愿意倾听自己的想法时，他们就能发挥自己最大的潜能，做出最具有创造力的成绩。

谷歌通过这项研究还发现，虽然公司的第一梯队是由顶级科学家组成的，但是，公司最重要、最有成效的创新想法往往来自第二梯队，其成员并不是公司里最聪明或者最博学的人。谷歌由此意识到，其成功的关键并不是拥有最聪明的头脑，而是拥有最优秀的团队。由于建立了良好的连接，团队成员的智慧得到完全释放，从而做出了最伟大的创新。

亚里士多德计划证明了一个事实：建立良好的连接是好团队与伟大团队之间的分水岭。我从领导者那里听到最多的抱怨，就是他们的团队不能建立起有效连接，人们只是聚集在一起，每个人只关心自己的事情，只盯着自己的目标，只在乎自己社交媒体上的关注度，只宽容自我意识的膨胀。他们从周围世界获得的所有信息都是关于自己，而不是关于整个团队，他们的一切都是围绕着"我"而不是"我们"。

不幸的是，这听上去仿佛就是在你的办公室或者组织里发生的事情，团队里的孤岛现象、个人主义、办公室政治，在各类公司与机构中屡见不鲜。

这个以"我"为中心的顽疾影响着每一个人，切断了个人与团队目标之间的连接，进而腐蚀整个团队的根基。将自我凌驾于团队之上的人，绝不可能打造一支伟大的团队。

我从过去跟各类团队打交道的经历中发现，当所有的团队成员都努力建立良好的连接时，"我"就会逐渐溶解在"我们"之中，于是，个人的孤岛被打破，彼此的纽带被加强，信任得到建立，关系得到发展，团队的连接变得更加紧密，从而使团队变得更强大。

绝不能让团队成员彼此孤立，更不能容许以"我"为中心的恶疾在团队里蔓延。建立成员之间的连接，形成彼此的信任，保障情绪稳定，对于优秀的团队来说至关重要。

几年前，我曾经探访一支 NBA 球队，在与教练组交流之前，

第 6 章
正向团队的关键在于沟通与连接

我观看了他们的一场比赛。第二天,当我和教练组见面时,他们问我从比赛中看到了什么,我告诉他们,我发现球队里有些球员跟其他人是隔离的。教练组听完后十分震惊,他们以为有人提前向我透露了球队里的事情,其实我不需要任何剧透。

观察过很多球队和机构之后,我能一眼看出团队里谁与谁有连接,谁跟别人没有任何连接,这对我而言是一目了然的事。内部的紧密连接是普通团队和伟大团队的区别。若想成为内部连接的团队,就要先从良好的沟通开始。

连接从沟通开始

沟通是团队构建紧密连接的第一步。要形成连接,团队里每个人必须与他人沟通。紧密关系是建立伟大团队的坚实基础,良好沟通是构建优质关系的基石。

沟通,才能建立信任;信任,方可带来决心;决心,促进团队协作;协作,最终成就结果。若是缺少良好的沟通,就失去了建立连接和信任的基础,也就无法构建强有力的关系,而没有强大的关系,就不可能建立一个有战斗力的团队。

我曾有幸给吉米·约翰逊（Jimmie Johnson）和他的赛车队讲课。地勤组长查德·克纳斯（Chad Knaus）可能是有史以来最棒的一位，他对我说，决定成功还是失败、也是决定生与死的关键，在于他和吉米以及整个地勤团队之间的沟通状况。他们在比赛开始之前和赛程中的沟通，以及基于沟通而建立的相互关系，是团队的制胜秘诀。这也是你和你的团队能否成功甚至能否生存的秘诀。

消极因素会随时乘虚而入

绝大多数团队的分崩离析都源自糟糕的沟通。在我们今天所处的环境里，沟通方式越来越多，没有实际意义的无效沟通也越来越普遍，给人际关系、团队协作、集体努力和业绩表现都造成巨大的不利影响。

很多人责怪手机让人分心，其实这并不是手机的问题，而是我们自己的错误。你和你的团队究竟将注意力和精力放在哪里？越容易受干扰的人，越难以全身心投入。没有好的沟通，就无法建立连接；没有好的沟通，也无法营造信任与认同。这两点是建

第6章
正向团队的关键在于沟通与连接

立伟大团队不可或缺的重要因素。

我发现，更糟糕的是，当团队的沟通出现了问题，消极负面的因素就会乘虚而入，填满由于沟通不畅所造成的空隙，进而繁衍、滋长，最终成长为极具传染力的负能量源泉，并迅速扩散，最终造成破坏。

尽快填补沟通漏洞

团队首先就要填补沟通不畅的漏洞。这不仅可以建立良好的关系和信任，同时也将阻止谣言和各种负能量的传播，从而保护团队不受伤害。

与人沟通很可能是你最不喜欢做的事情，却是你必须做的一项最重要的工作。有效沟通并不是随机发生的，需要安排专门时间有意为之。不仅需要找机会开展集体交流，也要鼓励成员之间进行一对一的沟通。

有很多方法可以增强团队的沟通。例如，德怀特·库珀每周一早上8:31召开公司例会，讨论团体面临的困难、周目标以及各种热点话题。又比如我接触过的一个销售团队，他们每天都举行电话会议，交流遇到的阻碍和取得的成绩。我合作过的很多公司都有线上工作团队，我建议他们每天或者每周进行一次视频会议，或者每天中午进行一次简短的电话会议，让团队的领导或成员分享一些鼓舞人心的信息。

我曾是某家餐厅的老板，那时我规定，每次换班之前，团队都要召开一个小小的交流会，员工们坐在一起，讨论怎样可以更顺利地交接班，并回顾关键的服务准则。我发现，当员工们达成共识的时候，日常工作的管理变得十分顺畅。

说到餐厅，我突然想到，进餐时间是一个让团队成员相应沟通的绝佳机会，而且我建议每个人每周都应该跟不同成员一起进餐，增进彼此的了解。

定期举行例会对于家庭关系也同样重要，我的家人每周都聚会，建立家庭的文化，讨论家庭的愿景与使命，这是增强家庭内部沟通与连接的好方法。

经常开展一对一沟通

除此之外，领导者还需要经常专门安排时间跟团队成员进行

第 6 章
正向团队的关键在于沟通与连接

一对一沟通，每次不需要太长时间，只简短地交流一下彼此的想法，就能填补沟通漏洞，避免负能量传播。

温蒂·霍奇校长告诉我，通过增加自己跟教师的交流，并在教职员工之间建立良好的沟通机制，教师团队的精神面貌与工作表现都取得了明显的提升。

团队成员之间进行一对一沟通，就是在增强内部连接。强有力的成员关系有利于建立一支强大的团队。

为什么我们不想沟通

既然沟通对于团队内部连接如此重要，那为什么很多团队内部沟通不畅呢？

我认为，阻碍我们沟通的最大敌人，一方面是没有意识到沟通的重要性，另一方面是忙碌和压力。有研究显示，当我们十分忙碌和感到有压力的时候，我们大脑中的爬行动物脑部分就会被激活，这个区域主要跟人类的恐惧与求生欲有关。如果你对爬行类动物有所了解的话，就会知道它们根本不具备产生好感的能力，它们只求生存。

当我们感到忙碌、充满压力时,我们的爬行动物脑就会被激活,只关注如何生存。此时我们不会思考如何团结在一起,或者如何同他人建立连接,我们满脑子只想着如何才能度过这一天。所带来的结果是,我们将关注点放在最紧急的事情上,而不是最重要的事情上;我们只关注自己的工作清单以及如何谋生,而忽视了团队发展,更不会花时间进行沟通或者建立连接。

事实上,有一个与此相关的科学名词叫作"大脑皮质抑制",指的是我们大脑内的杏仁核(即爬行动物脑)劫持了我们大脑内的新皮质。新皮质是大脑中负责决策、恳求、感恩、关爱的理性部分。联想到宠物狗的关爱天性,我将新皮质部分称为大脑内的"正向灵犬"。

当你忙忙碌碌,并且感到有压力的时候,你脑内的"爬虫"通常会吞噬"正向灵犬",这就是为什么很多时候你会脱口说出了很多事后后悔的话。这种现象常常发生在那些路怒族身上。当团队成员不能抽出时间相互沟通和建立连接时,这种情况也会经常发生在他们身上。

令人欣慰的是,研究表明我们有四分之一秒的反应时间来帮助"正向灵犬"战胜"爬虫",我们有能力不让"爬虫"获胜。

第 6 章
正向团队的关键在于沟通与连接

一方面我们要意识到，我们的敌人是忙碌与压力，同时，我们也可以通过学习认识到什么时候大脑的"爬虫"会被激活。当我们感到压力时，可以做一个深呼吸，然后找一件令人开心的事物来调节心情。

每当此时，我们就能意识到，我们的目标是沟通和连接。我们不应该被精神上的敌人打败，更不能任由这些因素分裂团队。我们可以放慢节奏，有意识地培养能促进团结、建立连接、增强信任、构建优秀团队的成员关系。

当意识到沟通和连接是核心、忙碌与压力是敌人时，你们就会放慢脚步，抽出足够的时间来彼此沟通，努力建立优质的团队关系。

从 1 到 10 评分

了解团队沟通水平的简单方法是开一次团队会议，让大家从 1 到 10 对你们的团体沟通水平打分，10 分意味着沟通近乎完美，1 分意味着基本上连彼此的姓名都不完全知道。

我对各行各业的许多团队使用过上述方法，我很清楚，这样的评分是主观的，一个人心目中 8 分所代表的水平，可能在另一个人那里只能得到 6 分。因此，这个方法并不是一个严谨的和最佳的测评工具，其主要目的是促使整个团队去思考彼此沟通的水平究竟有多好或者有多糟。从以往的经历看，总体上大家的评分还是相当一致的，对团队的沟通水平具有指示意义。

当每个人都分享他们对团队沟通水平的评分后，下一步要问"为什么不是 10 分？我们在哪些方面做得还不够？"然后追问"我们能做些什么来达到 10 分？"这样的互动能够帮助团队发现沟通的裂隙，并引出很多好的想法来提高团队的沟通水平。

也可以对每个人进行评分。操作方法是，让每个人拿一张纸写下自己的名字，然后互相交换并写下对彼此沟通能力的评分，注明为什么没达到 10 分以及如何才能达到 10 分的建议。当每个人都完成对他人的评分后，让大家分享一下自己为什么没有得到 10 分，怎样改进才能得到 10 分，成为一个优秀的沟通者。

积极倾听能加强沟通

人们总以为，沟通就是说话，其实，倾听和接受反馈也是

第 6 章
正向团队的关键在于沟通与连接

沟通的重要部分。最优秀的沟通者并不是口若悬河的人,而是善于倾听和筛选信息,并做出对团队最有利决定的人。最优秀的倾听者知道团队在想什么,并努力改善团队的状况。在《赢在更衣室》一书中我指出,迈克·史密斯最大的优点是他能听懂团队的意愿,并积极接受团队的建议,难怪他几度被评为美国职业橄榄球大联盟优秀教练。埃里克·施珀尔斯特拉、肖恩·麦克维伊(Sean McVay)和达博·斯温尼也获此殊荣,他们的共同之处是善于倾听和学习。伟大的团队都懂得彼此倾听,相互学习。

以沟通建立连接

沟通是建立信任与连接的第一步,但如果沟通仅仅停留在肤浅层面,只是内容匮乏、不坦诚的闲聊,不可能建立任何连接。

团队需要的不仅仅是交谈,而是通过沟通建立连接。当沟通促成了连接时,团队就形成了纽带、建立了信任,内部成员之间的关系变得更加紧密。

每个人都希望身处一个意志坚定的团队,如果团队里没有建立连接,这永远不会实现。团队内部的连接是形成合力的关键因素，它能够强化信任，形成坚定一致的信念。

团队力量能战胜天赋

2013—2014年美国大学篮球赛季开始之前，我接到比利·多诺万（Billy Donovan）的电话，他当时是佛罗里达大学篮球队的教练，如今他成了俄克拉何马市雷霆队的主教练。比利告诉我他的球队面临的困境，问我对此有什么建议。我简单地分享了几点意见，他的注意力立刻聚焦在团队连接这一点上。

他说："就是这个原因，乔恩。我们经常能挺进八强，但总是在迈向四强的道路上困难重重，就是因为我们没能建立起队员之间的连接，如果我们能够连接得更为紧密，我们就有机会赢下那些高强度的、重大的比赛。"

那个赛季开始后，比利和我一直保持联系，他在与球队建立连接以及推动队员之间的连接上竭尽全力。我被他彻底折服了，我从来没见过一个教练在建立连接这件事上倾注如此大的心血。终于，隔阂被打破，佛罗里达大学篮球队成为一个紧密连接的家

第 6 章
正向团队的关键在于沟通与连接

庭,而不是一群孤立的个体。结果,他们成功闯进四强,并在那个赛季连续三次战胜极具天赋的肯塔基大学篮球队。

佛罗里达大学队是一个最好的例证,展示了当精英无法抱成团的时候,一个紧密连接的团队可以战胜精英团队。你的团队里可能没有精英,但是,只要能够拧成一股绳,也能战胜那些极具天赋但是缺少连接的队伍。

团队 + 天赋 = 巨大的能量

弗吉尼亚大学男子网球队教练布赖恩·博兰的球队让我明白,当极具天赋的团队内部建立起紧密连接时,能迸发出巨大的能量。

布赖恩和他的球队刚刚结束了在芝加哥举办的校际网球协会室内锦标赛,他们在前几轮就惨遭淘汰。接着,因为暴风雪的缘故,他们回家的航班被取消了,球队被困在酒店里面。2001—2012 年,布赖恩在弗吉尼亚大学执教过许多天才荟萃的球队,却似乎永远无法赢得一次冠军。布赖恩觉得自己受够了。

我之前说过，团队文化是让布赖恩的球队发生转变的关键因素，特别是团队紧密连接的文化改变了一切。

布赖恩把队员们召集到他的房间里问道：你们认为自己是在一支亲密无间的球队里打球吗？每个人都回答说：是的。然后，他又问道：谁是你们生命中最重要的人？每个人都说是自己的家人。布赖恩接着问道：你们是否了解队友的家庭状况呢？结果，他们都说不了解。

布赖恩继续问道：如果你们对队友生命中最重要的人都一无所知，又怎么能称得上是亲密无间的团队呢？如果你们真的了解一个人，怎么可能不了解对方最珍惜的人呢？

那一刻，所有队员都目瞪口呆。接着，布赖恩把所有队员的姓名牌放在一个帽子里，让每个人随机挑选一个，然后，每个人必须去了解所选队员的家庭状况，对其家庭成员做一个简短的电话采访。同时，每个人还要了解更多其他队友的情况。

通过这种方式，队员们增加了对彼此和队友家庭的了解。随后，每个人都向大家分享了他们所知道的情况，以及在了解对方家庭的过程中所学到的东西。很多队员的家庭成员还上传了接受采访的视频。布赖恩说，这是他这些年来做过的最有影响的一件事。

第 6 章
正向团队的关键在于沟通与连接

这件事的影响力之大是显而易见的,他们在那一年赢得了全国总冠军,并在随后的四年里三次夺魁。布赖恩苦苦追寻冠军十二年一无所获,却在那年之后的五年里拿下了四个冠军。当我问到为什么弗吉尼亚大学队能获得成功时,他说:"我变成了一个和以前不一样的教练,我们变成了一支和过去不一样的球队。"他还告诉我,除了上述互相了解家庭成员的练习,他们还经常围坐在桌子旁,敞开心扉谈论整个球队的状况、所面临的挑战,以及各种其他话题。

我问布赖恩,如果一个球员不想参与他们的讨论与对话,并且说"我只是来打网球的",你会怎么办?布赖恩表示,他不容许这种情况存在,如果发现有人没有参与,就召集团队一起和这位队员交流讨论,深入了解问题所在。

事实上,他从未要求任何队员离开弗吉尼亚大学队,队员们学会了在沟通的过程中融入团队。当别人问及他是如何带领球队赢得那么多冠军时,布赖恩说:"我们对彼此的热爱是我们与众不同的秘诀。"

这个例子表明,相互连接会带来信任与认同,再与天赋相结合就能赢得冠军。

团队建设

正如布赖恩的例子所展示的，团队的内部连接不可能自然发生。如今，科技让我们比以往任何时候都更容易互联，但是，人和人之间似乎比以往任何时候都更加疏离。很多团队没有花时间投入在构建关系和团队建设上，而是只注重提升个人的技能水平，这样无法培养出伟大的团队。

正向团队是通过有效的沟通、积极的互动、共同面对挑战，以及讲述打动人心的故事，从而逐渐建立并发展起来的，这些方面都能让人们深度连接起来。

美国海豹突击队以其卓越的团队建设闻名于世，团队成员通过一起经历艰难险阻来建立彼此之间强有力的纽带。我对他们的做法十分着迷，也非常欣赏，但我告诉海豹突击队的朋友，我不认为必须通过一起跳进冰冷的大海，或者强迫自己每晚只睡几小时的方式，来建立团队内部的连接。

我想分享一些我最喜欢的团队建设训练方法。我建议每周开展一次团建活动，当然，你可以找到更合适自己团队的团队建设节奏，在全年中有意识地进行团队建设。刚开始的时候，开展这

第6章
正向团队的关键在于沟通与连接

样的训练会经历一些尴尬的过程,很多人不习惯于暴露自己的弱点。但我发现,如果有几位成员带头起示范作用,整个团队就会迅速进入状态。

1. 如果你真的了解我。如果你真的了解我,就会知道关于我的这一点:＿＿＿＿＿＿＿＿＿＿＿＿＿＿＿＿＿＿＿＿＿＿＿＿。

这是我最近带着一个领导层团队做的练习,起初他们讲的都是一些很浅层的话,比如"你应该知道我是非常慷慨和出色的"。但随着他们不断挑战自我、深入地剖析自己,他们开始分享一些有意义的故事和感受。这些故事与情感以强烈而深刻的方式,将整个团队紧密连接了起来。

2. 分享一个决定性的时刻。团队成员站起来围成一圈,或者坐在一个圆桌旁,每人分享一个自己生命中具有决定意义的时刻,这个时刻帮助他成了今天的自己。通过这种方式,大家了解到以前从未知晓的事情,也更加了解团队里的每个人,感到相互之间的连接更加紧密了。这个练习简单有效。

3. 安全椅。克莱姆森大学橄榄球队主教练达博·斯温尼告诉我,他的朋友从一个偏远的渔村带回来一把椅子,说那个渔村的人经常坐在这样的椅子上聊天,交流关于生活、家庭、钓鱼等话题。

这给达博带来了一个创意，即他所谓的"安全椅"游戏。他把这个椅子放在球队的会议室里，每次训练结束后，选一个人坐在"安全椅"上，队员们在其四周围成一圈。然后，达博向坐在椅子上的队员提问，了解他的生活、家庭、决定性时刻等问题。达博问完之后，团队其他成员也可以自由向他提问。

这个椅子之所以被称为"安全椅"，是因为它是每个人跟其他人分享自己的故事和内心世界的安全位置，是可以安全地表现出其脆弱一面的位置，每个人都知道，在这个椅上分享的内容不会被泄露给其他人。

大家轮流坐在"安全椅"上进行分享，每个队员开始更加了解自己的队友。正如达博所言，这是他的球队走向成功的一个重要因素。

4. **英雄、光荣、苦难**。我从加州大学洛杉矶分校女子篮球队教练科里·克洛斯（Cori Close）那里学到了这项练习。团队的每个人都分享自己崇拜的一位英雄人物以及崇拜的理由，然后，她们开始分享这些人物所经历的光荣时刻，以及曾经遭受的苦难。里士满足球俱乐部36年来第一次赢得了澳式足球联赛（AFL）的冠军，球队认为这项"英雄、光荣、苦难"练习帮助团

第6章
正向团队的关键在于沟通与连接

队建立了信任、连接与认同，为他们赢得比赛起到了关键性的作用。康拉德·马歇尔（Konrad Marshall）在《黄与黑》（*Yellow and Black*）一书中写到，球员们认为这项"英雄、光荣、苦难"练习不仅改变了团队，还对他们后来的人生产生了巨大的影响。

5. 安全帽。 团队集体讨论优秀团队成员应该具备哪些特质，然后将这些优秀特质写在公告板上，让每一个队员都选择一个最能引起他们共鸣的特质，与其他队员分享怎样成为一个优秀的团队成员。需要的话，你可以访问网址"**www.HardHat21.com**"了解成为优秀团队成员的21种方法。

6. 上车同行。 许多团队读过《动力巴士》之后，开始建立团队的统一目标，开展队员之间的对话，有些团队还采取了更进一步的行动。例如，我认识的一位公司领导让其团队成员两两结对，每对成员都要以生动有趣的方式展示《动力巴士》里讲述的十条规则之一。展示方式多种多样，有些人做视频，有些人唱歌，有些人做演讲，有些人还创作了情景剧。这位领导告诉我，她要让这些规则变得生动起来，在展示过程中让团队成员之间建立连接。

7. 一个关键词。 让团队成员选择一个能够帮助自己做到最好且最能激发其他人潜能的关键词，比如：连接、认同、服务、给予、帮助、关心、热爱、坚韧、不懈、卓越、无私等。然后，让每个成员分享自己选择的关键词，并说明他们选择这个词的原因。

8. **十个问题**。制作一份包含十个问题的清单，在团队建设活动中，让每个人跟不同成员结对，相互提问和分享答案。这可以帮助团队成员之间增加了解、加强连接。对于很多运动队来说，这是一项可以在前往比赛场地的巴士或者飞机上进行的有益练习。根据团队的人数，可以每周或者每月安排一次这样的练习，你的团队会受益良多。

9. **游戏驱动**。我的朋友史蒂夫·申鲍姆（Steve Shenbaum）创建了一个全面的商业项目，帮助企业高管、军人、职业运动员以及各种团队通过游戏实现自我提升。史蒂夫让客户们一起玩各种既充满竞争又活泼有趣的游戏，在玩游戏时，人们在竞争和欢乐的气氛中一起尝试从未做过的事情（比如三个人组成一只大象的形状），从而让团队真正连接在一起。我能看出，这项活动给团队带来了巨大的影响，因为，我每年都在匹兹堡海盗队的春季训练营里看到史蒂夫的身影，球队的每位球员在训练完后，都给史蒂夫一个热情的拥抱。

第 6 章
正向团队的关键在于沟通与连接

建立连接的投入是值得的

在团队里建立连接需要花费时间与精力，虽然不得不因此在其他方面做出牺牲，却是十分值得的。最近，我收到了加尔瓦家庭牙科诊所总经理帕姆·贝茨（Pam Bates）的来信，她写道："我们开始每周和牙医团队开一次会，时长一个半小时，大家都坚持出席。我们清楚地知道，每周的例会牺牲了为诊所创造经济效益的宝贵时间，我们也不确定例会是否会有效果，可能是无益的尝试。但是，结果却令人惊喜，我们的工作氛围得到不断改进和提升。每次会议中，最好的团建活动之一是每个人都必须回答一个关于自身弱点的问题。这个问题会使他们回顾以往所经历的困境和成功，其中哪些方面让他们感到畏惧，哪些方面让他们备受鼓舞等。伴随着泪水和欢笑，团队成员们更好地理解了彼此。这项行动让每个人在团队发展过程中开放地分享思想，从而使整个团队得到了蓬勃发展。"

花时间建立团队成员之间连接是物有所值的投入。2016 年美国职业棒球大联盟赛季开始前，我在洛杉矶道奇队的春季训练营里跟队员们交流，讨论成为一支紧密连接球队的重要性。在随后的两个赛季里,我见证了这种连接的强大威力。

有一天,我正坐在球队经理戴夫·罗伯茨(Dave Roberts)的办公室里,一个球员走进来打招呼,戴夫从椅子上站起来,走过去给他一个大约五秒钟的热情拥抱,就像父亲拥抱长途旅行后回家的孩子那样。他们聊了一会有关生活、训练的话题,然后球员说声"再见"就离开了办公室。

我告诉戴夫,他跟球员拥抱的那一刻简直太感人了,他说:"我每天都这么做,他经常会来跟我聊一聊他的生活、面对的挑战,以及他头脑里思考的各种事情。"

几周后,当我观看道奇队的比赛时,我十分惊喜地看到这位球员打出了多次本垒打,并成功地帮助道奇队完成了晋级。这段经历让我亲眼见证一位教练因为抽出时间关爱和支持他的球员而带来的巨大影响。这位曾经挣扎着前行的球员如今成为球队的英雄,是因为他的领导抽出时间与他建立连接,并始终对他表示关心。

在今年的职业棒球联赛开始前,我和戴夫一起去观看队员们的训练,我们聊了几分钟后,戴夫对我说:"乔恩,我要过去和球员们联络一下感情。"然后,我站在一旁看着戴夫和每位球员一一交流。我听说休斯敦太空人队经理A.J.希尼(A.J. Hinich)

第6章
正向团队的关键在于沟通与连接

也做同样的事情。两支球队的经理都相信团队连接的力量,并且都投入了时间、采取了行动,他们携手挺进世界职业棒球大赛也就不令人意外了。

建立连接需要花费大量的时间与精力,但与由此成就的团队和获得的结果相比,完全是值得的。

团队的勇气

尽管我一直都在讲述积极乐观、紧密连接的团队取得成功的故事,但我也知道,成为一个积极而紧密连接的团队并不能保证一定就会赢得冠军、取得创纪录的销售业绩、获得奖项,因为还有很多其他因素影响着结果。但是,积极乐观并紧密连接意味着团队拥有永不放弃的勇气。

安杰拉·达克沃思(Angela Duckworth)是研究勇气、意志方面最有影响力的专家学者,她写过大量关于个人勇气的文章,并做过很多这方面的演讲。我问她是否做过一些与团队勇气相关的研究,她告诉我说没有。随即,我跟她分享了自己的一些理论和经验。我说,除了共同的愿景、伟大的目标、集体的乐观和坚定的信念之外，团队成员之间牢固的纽带、良好的关系是决定一个团队意志力的重要因素。

如果你热爱你的团队，就绝不会放弃他们；你们之间的连接越紧密，信任就会越坚定；当你们彼此忠诚，就会为彼此而战，而不会存在内耗。这样，你们将永远在一起，在充满困难与挑战的路上同舟共济、携手前进。

我发现，最坚韧的团队是那些内部连接最紧密、彼此最忠诚的团队，可见连接与认同对于建立一个坚韧不拔的团队是至关重要的，所以，接下来我想讨论如何增强团队的连接与忠诚。其实很简单，团队成员必须相互给予承诺和关爱。

当所有成员都对团队做出承诺并表现出关爱的时候，团队的连接与信心就会大幅提高。我们接下来将讨论正向团队的承诺与关爱。

07

第 7 章
正向团队中"我们"优先于"我"

每一部奥斯卡获奖影片的背后，都有一支由剧作家、场景设计师、音效师和制作人员组成的团队；每一位超级碗杯冠军队的四分卫背后，都有一支由中场球员、进攻队员、接球手、进攻协调员、训练师、教练组以及后勤人员组成的团队；每一辆新款汽车的背后，都有一支由设计师、工程师和质量测试人员组成的团队。

大多数情况下，人们对超级明星、获奖者、团队领袖、商业领军人物、冠军教练耳熟能详，却往往忽略其背后无私奉献的支持团队。我们总是关注舞台上闪耀夺目的明星，却没有看到让明星大放异彩而默默付出的团队。然而，我们没有听说过他们的名字并不意味着他们没有价值，相反，正是他们的无私、牺牲和承诺才使整个团队变得伟大。

每一个伟大的团队都是由一群乐于无私奉献的成员组成的，每个人对团队的奉献成就了伟大的集体。

奏出自己的音符

军乐团和鼓乐队是非常典型的例子，展示了伟大的团队需要怎样的投入。美国先锋音乐表演艺术团节目总监肖恩·加朗（Shaun Gallant）曾六次获得圣克拉拉先锋鼓号乐队大赛的世界总冠军。他告诉我，军乐团要想发挥最高水准，队伍里每个人都必须完成好自己的角色。这一点至关重要，因为军乐团的每位成员不仅要演奏音乐，同时还要朝着不同的方向快速行进（每分钟走200步），有时甚至还要加入舞蹈动作。

军乐团若想发挥出最高水平，每位成员必须保证自己演奏的音符和所做的动作准确无误，同时还要信任身边的每位队友都在努力这么做，换句话说，他们必须全身心投入到完成表演，并绝对信任彼此。石溪大学体育乐团总监克里斯·帕克斯（Chris Parks）补充说，当所有成员都相互承诺和信任时，乐团就能奏出积极向上、活力四射的乐曲。

我们生活在同一个宇宙里，每个人都在演奏生命的乐章，当所有人奏出美妙的音符时，就造就了和谐的世界。

团队也是如此。当每个人都演奏出美妙的音符，全心全意履

第 7 章
正向团队中"我们"优先于"我"

行对团队的承诺时，就能一同创造出伟大的成就。

团队至上

我的朋友尼克·海斯（Nick Hays）曾是海豹突击队的成员，现在为多家职业球队和商业公司提供培训服务。他告诉我，海豹训练营里的"地狱周"是最能锻造年轻队员的时段，让他们树立了团队为先的心态。

尼克告诉我，在基础水下爆破海豹训练营里，一群想要成为海豹突击队员的年轻人将一起经历六个多月的严苛选拔。首先是数周的水下爆破训练，然后这些年轻人会进入残酷的地狱周。在这一周里，学员们要扛着冲锋舟或者沉重的实心木头跑完 200 多英里，大部分时间他们都浑身湿透并处在低温症的边缘，每天总共只有 2～4 小时的休息时间。

尼克说，在那一周里主动放弃的人数多到令人震惊。我问尼克，一般来说什么时候学员最容易放弃，他告诉我：

大部分人会在地狱周开始至周二晚上之间离开，在渡过周二之后，就没有什么人主动放弃了。虽然经常有人受伤导致无法完成任务，但他们不会按下那个表示主动退出的铃。为什么呢？

当这一周刚开始的时候，你一定会感觉很兴奋，觉得自己已经做好充分的准备。因为，你以前在电影里或者在书中了解过激动人心的故事，你想看看自己能不能挺下来，你想好了要成为一个真正的海豹突击队成员。看到问题了吗？你满脑子想的都是关于我、我、我。当学员们只想着自己时，他们会觉得自己在接下来的五天里可以挺过不睡觉、极度疲惫、冰冷刺骨的日子。

但是，当太阳即将在海平面落下时，我身边的某个学员对挪动脚步走向冰冷的海水表现出无比的抗拒，身边的同伴都迈步向前，而他却后退了，他再也无法想象自己还能再撑四天。于是，他按铃退出了。这种场景我见过太多了。

曾经吹嘘自己宁死也不会退缩的人，在队友面前按下了这个铃，离开了团队，回到温暖的床上。这些人都只关心自己，他们本来可以有所成就，但最终遇到一个无法突破的瓶颈，一个他们无法逾越的困境，于是，他们的决心被击溃了。

我很幸运拥有完全不同的经历。我和另外七个人被分到一个冲锋舟小队，我们一同在全身裹满湿沙的情形下扛起冲锋舟和

第 7 章
正向团队中"我们"优先于"我"

实心木头前行，在跟其他小队竞赛时，我们相互赞美和激励。随后，在大海里训练时，我们始终挽住彼此的手臂。偶尔，为了打发时间，我们唱歌或者讲笑话。吃饭时，我们还互相开玩笑。就这样，我们拧成了一股绳。

一周结束的时候，我不再想着自己，我知道我的队友们此时此刻需要我。我的团队需要我在下一次竞赛时竭尽全力，以最快的速度奔跑；我的团队需要我在寒冷漫长的黑夜里点燃队友的热情。我不再只是为自己而奋斗，而是为了同船的队友、为了站在我身边的人而拼搏。相比于寒冷、潮湿的痛苦，我更害怕让队友们失望。

那个周五的早上，我们已经超过五天没有在床上睡过觉了，我们在海滩上排成队，准备再次踏进冰冷的海水中。就在我们即将下水时，训练官叫我们转过身来，我们看见岸边沙堤上插着一面巨大的美国国旗，我们的家人和朋友都站在一旁，训练官用扬声器对我们喊道："你们的地狱周训练过关了！"

就这样，一切都结束了。回想那一周开始的时刻，就像是上辈子的事，如今我已经完全变成了另一个人。那一周开始的时候，我心里怀揣着各种希冀、梦想和抱负；那一周结束时，我心中只有承诺和目标，因为我已经属于一支强大的团队。

当你对团队做出承诺，带给你的改变是难以想象的。正如尼克所分享的，你能做到一些超出想象的事情，在这个过程中，你让团队变得更优秀，也让自己变得更出色。当"我们"优先于"我"的时候，你和你们就成为理想中的自己和团队。

"我们"优先于"我"

我很清楚"我们"优先于"我"会产生多么强大的力量。我的父亲曾经是纽约市的一名警察，他在日常工作中就表现出这种力量。他和他的警员搭档就像亲兄弟一样亲密无间，他们彼此忠诚，互相保护，相对于自己的安危而言，他们更关注对方的状况。

布赖恩·科佩尔曼说，他与搭档戴维·莱维恩之所以合作成功，关键就是他们相互承诺。他说："我们无条件地信任对方，因为我们知道，我们共同的利益比个人的私利更重要。在人生不如意的时候，我们相互扶持、相互鼓励，从不互相指责；当取得出色的成绩时，我们互相点赞。我们从来不对外界说谁做了哪些工作，哪些段落是谁写的。我们一起完成每件事情，而不纠结是谁想到的主意。我们不自负，也不在乎个人荣誉。我们

第 7 章
正向团队中"我们"优先于"我"

的伙伴关系在过去和现在都一直固若金汤,我们甚至可以为对方两肋插刀。"

在洛杉矶公羊队我也看到了"我们"优先于"我"的理念根植于球队中。在训练营开始的前一个月,我跟他们的新任主教练肖恩·麦克维伊进行了交流,我们讨论了很多关于如何建立伟大团队的原则和想法。当我提到"我们"优先于"我"的理念时,肖恩笑了起来,因为这正是他要向球队传达的最重要的理念之一。

他请我在训练营期间发表一次演讲,向团队强化集体优先于个人的理念。我按照他的要求做了。当看到整支球队实践这一原则时,我激动不已。我知道这个理念之所以能植入球队中,是因为肖恩及其教练团队的卓越领导力和良好示范作用。团队因此发生了显著变化,每一个人都将球队的胜利置于个人成就之上,在训练基地里的墙壁上随处可见"我们,而不是我"的标语。更重要的是,他们将这一理念融入训练场、更衣室以及正式比赛中。

那个赛季,他们在分区赛取得 11 胜 5 负的战绩,而上一个赛季的成绩是 4 胜 12 负。同样不令人感到吃惊的是,费城老鹰队赢得了超级碗杯冠军,他们是一支活力四射、所向披靡、天赋异禀并坚持"我们"优先于"我"的团队,每个人都有着非同寻常的献身精神。

个体能感染群体

当一位团队成员带领大家将注意力从"我"转移到"我们"时,将对整个团队带来巨大的影响。史蒂夫·约翰逊可以说是美国历史上最优秀的大学网球运动员,他帮助自己的球队连续三年获得全美网球锦标赛的冠军。随后,他有机会转成职业网球运动员,参加巡回赛赚取高额奖金;他本可以轻易地离开大学的球队去追求名利。但是,史蒂夫更希望看到他的球队再续辉煌,于是,他决定留在南加州大学网球队,并帮助该队赢得了第四次冠军。

南加州大学网球队教练彼得·史密斯告诉我,在那个赛季开始前,他们和前海豹突击队成员开展了一次团队建设活动。他依然记得那次难忘的经历:球员们站在沙滩上,望着太平洋冰冷的海水,前海豹突击队员们到达沙滩后,都纷纷询问谁是史蒂夫,当找到史蒂夫之后,他们走过去一一跟史蒂夫握手致敬,因为他们都听说史蒂夫回到球队是为了帮助南加州大学网球队赢得第四

第 7 章
正向团队中"我们"优先于"我"

次冠军,每个人都知道这个决定意味着他放弃了大笔财富,他们都想见识一下这个能为团队做出巨大牺牲的人物。

当彼得给我讲这个故事时,我深感震撼,海豹突击队员被认为是地球上最勇敢的一群人,他们认可并敬重忠诚与奉献的精神,史蒂夫的行为正体现了这种精神。

听完这个故事,我意识到,懂得奉献的人彼此惺惺相惜。同时我还意识到,一个人的付出可以激励更多人全力以赴,就像史蒂夫的队友们一样,他们知道史蒂夫为团队付出了很多,受此激发也以更大的热情投入到团队中。

在任何一场比赛中,史蒂夫只能贡献球队总得分的 35%,所以,南加州大学网球队连续四年夺得全国总冠军并不是史蒂夫一个人能做到的,而是一个勇往直前的团队共同努力的结果。史蒂夫对球队的承诺以及队员们彼此之间的承诺,共同促使球队赢得了第四次冠军。

付出带来改变

我喜欢付出的最大原因是,通过这种行为不仅让团队变得更好，而且在这个过程中，你自己也变得更加优秀。关于这一点，比斯文·内特（Swen Nater）是最好的证明。

当加州大学洛杉矶分校篮球队教练约翰·伍德（John Wooden）招聘内特时，内特只是柏树社区学院篮球队的一名普通球员。当时，伍德教练就告诉内特，他不会代表加州大学洛杉矶分校参加比赛，因为这支球队里已经有全世界最好的中锋比尔·沃尔顿（Bill Walton），内特的任务是每天跟沃尔顿进行对抗训练。

伍德教练希望这位身高 6 英尺 11 英寸的球员能够挑战沃尔顿，促进沃尔顿提高水平。在加州大学洛杉矶分校打球的几年里，内特接受了自己的陪练角色，每天的训练中他都全身心地投入到自己的任务中：帮助沃尔顿变得更好。

在他促进沃尔顿提高的过程中，一件有意思的事情发生了，即内特自己的水平也不断进步。后来，他成为美国篮球协会（ABA）和 NBA 历史上唯一进入首轮选秀却从未在大学比赛中上场的球员。随后，内特还被评为美国篮球协会年度最佳新秀，并获得了长达十二年的职业生涯。

内特的案例很好地证明了：当你努力让团队变得更好时，你自己也变得更优秀；当你专注于帮助别人进步时，你自己也在不

第 7 章
正向团队中"我们"优先于"我"

断进步。优秀的队员会积极地为队友服务；伟大的团队中，队员之间都乐于为彼此服务。

有很多方法可以帮助他人提高，我无法一一告诉你具体怎么做，但我可以告诉你的是，当你为团队付出的时候，你将在建立伟大团队的道路上一帆风顺。

伟大源自个人奉献

我在洛杉矶的时候，周日常常去马赛克教堂，这个教堂被认为是全美最具多元化的教堂之一，每个周日你都可以在这里看到不同文化背景、不同种族和不同信仰的人前来参观。

最近，我和教堂的领导团队进行了交流，他们大多数是志愿者。在交流中我了解到，当有人想加入教会的乐队、志愿者项目或领导团队，都必须首先参与教会的义工服务。例如，教堂里的牧师在站到台上布道之前，可能当了好几年教堂的看门人；甚至某位著名的演员或歌手想加入教会的乐队，也必须先从给乐队成员倒咖啡开始，然后才能被允许登台表演。我意识到，这是一个杰出的团队，因为他们真诚地为彼此服务和奉献。

一个伟大的团队里没有只考虑自己的人，只有为团队和其他人服务的人，他们都愿意为了团队的利益而放弃自我、牺牲个人利益。

人们经常问我，什么是奉献？我说，奉献就是持续地服务与牺牲，一直做团队需要的事情，而不是个人想达成的事情。我曾经问学校校长、橄榄球队教练和商界领袖，如何让团队变得生龙活虎，他们都说，一切始于团队成员为彼此服务之时。

优秀源于为团队付出

像斯文·内特一样，厄尔·沃森（Earl Watson）也曾在加州大学洛杉矶分校篮球队打球，并由约翰·伍德教练指导，离开大学后也在 NBA 联赛中取得了成功。然而他的大学队友比利·奈特（Billy Knight）在加入 NBA 球队后并不顺利，有一天他向厄尔请教：为什么自己进入 NBA 后会面临这么多困难？厄尔建议他试试在大学篮球馆里随意组织一些人打比赛，并且要做到在自己不进球的情况下赢得比赛。

比利是一名只专注于投篮和得分的球员，但厄尔知道，要想

第 7 章
正向团队中"我们"优先于"我"

成为一名伟大的球员,必须懂得除了自己得分之外,还要想方设法让球队变得优秀。厄尔鼓励比利,不要只顾自己投篮,还要努力保护篮板、给队友做掩护、传球、防守,最重要的是,通过说一些类似"投得漂亮""加油""继续""我相信你""我知道你能做到""我能感觉到"之类的话,鼓励队友发挥出最好的水准。

厄尔说,如果能在自己不进球的情况下帮助球队获胜,你就真正为进入 NBA 做好准备了。在每个休赛期,厄尔都在为下一个赛季做充分的准备,而他努力的方向就是让团队变得更好。

当你为团队付出时,不仅在帮助团队变得更好,你自己也在这个过程变得优秀起来。当你帮助他人进步时,你自己也在进步;当你帮助团队成长时,你自己也在成长。

关爱你们的集体

如果缺乏彼此关爱,那么沟通、连接、承诺以及成为一个优秀的团队就是空中楼阁。主动去关爱他人,是本书里所讲的一切原则的基础。如果你不在乎你的团队,就不会花时间去主动沟通、鼓励他人、建立连接、付出努力,更不会为他人提供服务甚至做出牺牲。

在伟大的团队里，大家一定很在乎自己的集体，关心一起做的事情，在意彼此间的交流和连接。因为互相关心和爱护，所以大家都努力为集体付出，更在意自己的表现是否能为集体带来好处，更关心大家一起能达成的结果。

要成为一个伟大的团队，每个人都必须时时关心队友，以及你们一起完成的工作。如果你在乎某个人，就会抽出时间来跟他交流，努力与他建立连接，为他做出牺牲，如此一来，你们就会超越自身的能力，一起实现更大的成就。

我没法让你们去主动关爱集体，但我可以告诉你们，如果你们不关爱集体，就不可能成为一个优秀的团队。关爱集体是所有成功的策略里最关键的一个，那些充满爱心的团队，才能够创作出伟大的产品，打造传世的奇迹。

在沃尔特·艾萨克森为史蒂夫·乔布斯写的自传里，艾萨克森分享了一个乔布斯小时候帮助父亲修建篱笆的故事。乔布斯的父亲告诉他，篱笆的正面和背面都要弄好。乔布斯问父亲，没有人会看到篱笆的背面是什么样的，为什么还要在意它呢？他的父亲说："你自己会知道的。"

乔布斯的父亲教会他做事要顾及方方面面。多年以后，乔

第 7 章
正向团队中"我们"优先于"我"

布斯和苹果公司的设计团队始终将这种做事的方式用在产品开发中，在数百万苹果用户的心中建立起对这个品牌的敬畏、忠诚与情感。这不是偶然发生的，参与设计过诸多苹果旗舰产品的乔纳森·伊夫（Johnathan Ive）说："我们坚信，客户能够从产品中感受到我们的良苦用心。"

苹果公司的团队非常在意他们所做的每一项工作和创造的每一个产品，反过来客户也很在乎他们。他们共同给予的关爱缔造了一个传奇。

给予别人更多关爱

凯西·诺顿（Kathy Norton）是一个充满爱心的人，对很多事情都很热心。她是一个保险协调员，在一次工作中，凯西偶然发现自己身患癌症，时日不多了。

你可能以为凯西会辞职，然后待在家里，或者看看自己的愿望清单里还有哪些想去看最后一眼的地方，然后去旅行。但是，相比这些事情而言，凯西更关心她的客户。她所从事的工作是帮助工人处理赔偿申诉，让人们在遭受工伤后重新站起来，恢复正常生活。凯西对需要她帮助的客户们充满了关爱，并没有因为自己生病就丢下他们不管。凯西将生命里的最后几个月都奉献在为客户提供关爱与服务上。

辛迪·金坎农（Cindy Kincannon）是凯西的客户的部门经理，因此与凯西之间保持着密切的工作关系。尽管她们是为不同的公司工作，但当辛迪的公司有员工因工受伤时，她俩就会成为一个团队，一起为客户提供赔偿服务。辛迪说，她的团队一直被凯西对客户的关爱和付出所感动。

凯西的团队也深受她的影响。在凯西去世后，他们决定要像凯西一样为客户提供更多的关怀，后来，这支团队成为公司里其他部门学习的榜样。

我相信你是有爱心的，否则，你不会读这本书。我鼓励你像凯西那样去给予别人更多的关爱。

卓越团队需要工匠精神

正向团队的成员会把自己视为工匠，而不是简单的木工。工匠和木工有很大的区别。木工只是简单地制作某个物件，但工匠

第 7 章
正向团队中"我们"优先于"我"

需要投入更多的时间、精力和专注来制作一件艺术品。在这个世界上,有太多人满足于碌碌无为,而工匠们专心于创造卓越、追求伟大。他们比别人更在乎自己的作品,因此会投入更多的精力和时间不断地提高自身的技艺。

在与一个领导团队的交流中,我问有多少人认为自己可以比现在工作得更努力,每个人都举起了手。然后我问道:"那下一个问题是什么呢?"他们回答:"为什么没有这样做?"接着,我们就此展开讨论,并得出了一个结论:如果要更加努力工作,首先要更加热爱所做的事。

如果更热爱,你就会将心血、精力和激情投入到团队中;如果更专注于你的项目、工作和手艺,就不会被其他事情分心,而会把全部精力投入到有意义的事情上。

正向团队是由执着的工匠型人才组成的,因此能创造更多的杰作。

用心与否无法伪装

队友能感受到你是不是真的关心他们,所以,伪装是行不通的。不能因为书中说应该如此这般，然后你就照此做表面功夫。真正的关爱源自内心。这就是为什么我们总说："她全身心投入到工作中""他将心血与灵魂注入工作中""她有一颗强大的心""全心全意做好这件事"。

用心是一个人内心的外在表现。如果你不用心的话，你的团队一定会感受到；如果你的团队不用心做事的话，外界肯定会感受到。

当你走进一家餐厅时，很快就能判断餐厅的员工是否在用心服务；当你品尝饭菜时，就能知道主厨和烹饪师是否在用心做菜；当你去看牙时，就会知道牙医团队是否在用心诊断；当你走进一所学校时，就会知道教师团队是否在用心教学。

正如乔纳森·伊夫所说，人们能感受到苹果公司对每一件产品的用心。马克·扎克伯格说，脸书之所以成为今天的样子，是因为他和他的团队都在用心维护。

我一直选择在罗森布拉姆店（Rosenblums）买西装，因为我知道他们对制作西装很用心；我一直在约翰尼美发店（Johnny Cut）理发，因为我知道他们对美发很用心。一旦我知道某些人对其产品和服务不在乎时，我就会立刻停止与他们做生意。我们

第 7 章
正向团队中"我们"优先于"我"

从用心的团队那里购买商品,我们接受用心的团队所提供的服务,我们都很热爱并支持用心做事的团队。

如果你和你的团队不够用心,那么就要分析原因所在,讨论如何解决问题,制定解决方案,然后开始用心去行动。当你们足够用心时,做事情就会全力以赴,团队也会因此而茁壮成长。

# 第 8 章
这是你的船

公元前431—371年，斯巴达人是希腊乃至全世界最强悍的战斗队伍。尽管他们存在于2400多年以前，如今依然被广为传颂，经常能在电影和电视剧中看到有关他们的题材。

为什么斯巴达人如此伟大？前海豹突击队成员尼克·海斯说："因为他们十分重视培养万众一心、众志成城的团队文化。希腊的重装步兵方阵是一种由全副武装的步兵组成的紧密战斗阵形，士兵的性命依赖于左右两侧持盾牌战友的保护，每个持盾牌士兵的任务是努力保持盾牌的位置并且要活下去继续战斗。继续战斗意味着他能坚守自己的职责，从而保护战友完成任务。"

伟大的团队不是天生的，而是它由一群精益求精、追求卓越，同时努力让队友变得更好的人一起促成。

1% 法则

这是我跟很多团队分享过的一个简单法则，是指每一天都比昨天多付出 1% 的时间、精力、专注和关心。

显然，你不可能精确计算 1% 到底是多少，但是你可以做到今天比昨天更努力。你可以追求卓越，成为最好的自己；你可以排除干扰，把注意力集中在最重要的事情上。

我曾经跟一支拥有 35 名球员的大学女子网棒球队合作，她们每个人都执行了这项 1% 法则。她们说，如果每个人每天多投入 1%，那么对于球队来说就相当于每天多投入 35%，随着时间的推移，这些努力将带来巨大的效果。事实上的确如此，她们后来在追求个人与团队发展上都获得了令人难以置信的成效。

这是你的船

我的朋友玛丽莲·克里奇科（Marilyn Krichko）每年都会开展划船的团队建设项目，这项活动已经帮助了数百个各式各样的团队。活动中，她让团队成员登上船，然后他们必须学习一起努力向前划船。

玛丽莲的一个重要信条是：团队里的每个人都是这条船的主人，都必须对这条船上发生的所有事情负责。每个人都有责任行

第8章
这是你的船

动起来,让整个团队表现得更好。

我很喜欢看团队在船上整齐划桨的画面,这是对"什么是团队"的最好呈现。在同一条船上,每个人不仅要竭尽所能划桨,还必须与团队的节奏保持一致,才能让整个团队表现出最佳状态。

当你努力做到最好的时候,就会带动整个团队表现得最好。当整个团队都竭尽全力做到最好时,前途将不可限量。

精英中的精英

一位美国特种部队的领导者曾向我讲述海豹突击队第六分队的选拔过程。虽然海豹突击队被公认为全球特种部队里的精英,但是队员们还想努力进入第六分队,成为精英中的精英。

他告诉我,在招募新人时,第六分队的老队员会挑选一些具备某种重要特质的人进行测试,如果应征者达不到标准,第六分队的队员会直接告诉对方:"谢谢,但你不是最合适的人选。"

"那什么样的人适合呢?"我问到。

他说:"我们寻找的不是那些在测试里表现最棒的人,而是那些在发挥出最高水准的同时还能让队友也表现得更好的人。"

我突然明白，如果想成为精英，你只需要自己表现出色；但如果要当人中龙凤，你就必须让团队变得更优秀。想要打造一个伟大的团队，你不仅要做好自己的工作，还要帮助团队成员更好地完成工作。

爱与责任的完美结合

我被问到最多的问题之一是：如何才能激励团队成员 100% 投入。

首先，需要每个成员都 100% 地奉献自己，做好本职工作，做出榜样，用行动说话。正如本杰明·富兰克林（Benjamin Franklin）所说："说得好不如做得好。"

其次，要让团队知道你爱他们。如果你爱他们并且让他们知道这一点，你就获得了某种心理上的特权，你可以指明他们的错误、督促他们进步。很多团队试图用要求和规则来管理员工，但是那只会带来强迫而不是激励。规则本身没有问题，但是，如果彼此之间缺乏关爱，团队成员就会反抗甚至脱离团队。这就是为

第 8 章
这是你的船

什么说"我们"优先于"我"的理念如此重要和强大。

我们经常谈论如何才能让团队成员更有责任感。如果团队成员彼此之间充满关爱,他们自然会希望为了彼此做到最好。我发现,团队成员之间的关爱越多,所需要的规则就越少。因为有爱,所以他们不想让彼此失望。一个由爱而不是规则驱使的团队,成员之间会对彼此更加负责。

最优秀的团队能将爱与责任完美地结合。爱能促进彼此的关系,而对共同的文化、价值观、原则、期望和卓越标准的责任感,会将彼此的关系推向崇高而伟大的层次。换句话说,你和你的团队要通过爱凝聚起来,共同为成就卓越而努力。你们在一起不是为了休闲聚会,而是为了一起做有意义的事情,一起创造令人惊叹的成就。你们既是一个大家庭,也是一支优秀的团队。

像家庭不等于好团队

我们常说,希望团队像一个大家庭。但是,像家庭般融洽并不意味着你们是一支优秀的团队。

几年前，汉克·扬奇克（Hank Janczyk）执教的葛底斯堡学院网棒球队曾经取得20连胜的惊人战绩。我问他究竟有什么秘密，他说："在那个赛季之前，我意识到，虽然我们是一个大家庭，彼此关爱，队友之间有很强的纽带和良好的关系，但是，我们却不是一个好的团队。队员们为彼此的失败找借口，为彼此做错事打掩护，他们喜欢在一起打球，却不能在球场上相互激发出最优秀的一面。"汉克很清楚，他们不能只是一个好家庭，他们必须成为一支优秀的球队。

同样的问题也多次发生在与我合作的企业的团队里。例如有一次，我在一家大型家族企业的领导层年会做演讲时，让这些领导讲出他们所面临的最大挑战，他们说："我们拥有优秀的家庭文化，使我们的企业变得与众不同。但是，在我们逐渐壮大的过程中，这种文化对我们确保每个人承担责任提出了挑战。"

我告诉他们：你们像一个家庭，并不意味着你们是一个优秀的团队。这句话同样也适用于你们。要成为一个好的团队，你们需要对彼此负责，需要对实现家庭的宏大目标负责。你们应该互相竞争，在努力提高自身水平的同时，也让别人变得更好。你们

第 8 章
这是你的船

应该设置高标准,并期望彼此都能够达到标准。

如果有人没有付出最大的努力,你就要和他进行一次对话,你要关爱他、鼓励他。如果某个成员有个人方面的困难,你要以家庭成员和团队成员的身份去支持和安慰他。但是,你不能让团队安于现状,你需要不断地提高标准,让团队从舒适区里走出来,共同追求卓越。

如果爱某个人,就不应该让他在没有做到最好之前停下脚步,而是要帮助他发挥出最大的潜能。我的妻子总是对我直言不讳,她帮助我变得更好;我的孩子们帮助我成为更好的人,我也督促孩子们去做到最好。因为我爱他们,所以我不会让他们安于现状;因为我爱他们,所以我不会让他们的成长过程变得轻松。因为我知道,我们不能只做一个优秀的家庭,我们必须成为一个优秀的团队。

彼此关爱,彼此负责,让彼此变得更好,就能让你的家庭与团队变得更优秀。

严格的爱

你和团队要记住,严格的爱才能确保爱与责任在团队里良好地共存。我坚信严格的爱所具有的强大力量,但是,爱必须放在第一位。

如果你知道有人把你的利益放在心上,你当然会更愿意以开放的态度听取他的意见。作为团队的一员,你有必要让每一个人都知道,你把他们的利益放在心上。当你直截了当对某个成员提出建设性意见时,如果他认为你不是出于关心而提出意见,他就不会听你的意见;当知道你的建议都是出于关爱,他就可能对你敞开心扉。彼此的爱越深,表现方式就可以越严格。

严格的爱会让团队成员变得内心更强大。

持续改进,永不满足

积极的团队在追求成长与卓越的过程中永不满足。也就是说,无论成功还是失败,他们总想变得更优秀。即使他们赢得了客户,按时完成了任务,赢得了大奖或者重要的比赛,优秀的团队仍然会自问:"我们能做得更好吗?我们应该如何进步?"

他们从不满足于现状,因为他们知道,总有一些方面可以进一步提升。当他们失败、输球或者被拒之门外时,他们仍然保持

第 8 章
这是你的船

积极的心态，从不气馁，努力寻找给个人和集体都能带来提升的方法。

"周一真心话"活动

我的好友约吉·罗思（Yogi Roth）是帕克十二联盟广播电视网络的篮球分析师，他指导过南加州大学球队的皮特·卡罗尔（Pete Carroll）。皮特创造了一个名为"周一真心话"的活动。约吉告诉我，队员们每周一都聚在一起，讨论比赛中哪些方面做得不好，要如何弥补与改进，以及还要做些什么才能进一步提高。

约吉说，这个活动可以重振团队的精神。这是一个简单的讲真心话过程，只讨论发生了什么，需要改变什么。这个活动的目的不是为了责备任何人，或者刻意令某人难堪，而是为了让团队变得更好。这个活动成为团队文化的一部分，每个人都期待了解真相，并把每周的讨论视为自我成长的机会。

约吉说，如果要成为一个伟大的团队，就必须进行这种让人感觉不轻松的对话。敞开心扉，并渴望得到反馈和建议，才能使你变得更好。必须提倡彼此说真话，只有在真诚的环境中大家才能共同成长。

通过"周一真心话"活动，大家以诚实、透明、严苛但不损人的方式进行对话，然后，所有人一起行动，努力在这一周做得更好。

开展艰难的对话

与团队进行艰难的对话并不是一件有趣的事，但通过这种方式，你能为每个人带来积极的改变。

凯里·沃尔什·詹宁斯告诉我，她和沙滩排球搭档米斯蒂·梅-特雷纳之间进行的那些艰难的对话，是她们在 2012 年伦敦奥运会获得金牌的重要原因。在运动心理学家迈克尔·热尔韦（Michael Gervais）的指导下，她和米斯蒂进行了带着良性冲突的批判性对话，将矛盾都解决在萌芽阶段；各自思考了"我是谁"这一核心问题之后，两人之间的连接变得更加紧密而深入。随后，她俩在比赛中精诚团结，迸发出强大的正能量。

热尔韦告诉我，一个团队必须在极具情绪化和挑战性的环境

第 8 章
这是你的船

下,依然能够进行清晰有效的沟通。他将这些时刻称为"风暴",团队必须有效地挺过"风暴"。

采取这种方法时需要抱着一种信念,即坚信艰难的对话是成为一个优秀团队过程中的重要部分,同时,团队需要制定参与冲突性对话的规则。团队要事先约定和说明:"这是我们做事的方式,这是我们处理矛盾的方式,这是我们进行艰难对话的方式,这是我们在情绪化对话中保持冷静的方式。"

凯里把这种方法用到与米斯蒂的合作中,也用到和丈夫的生活关系中,夫妻之间的关系变得更加亲密和稳固。

我能理解凯里告诉我的这些做法,因为我和我的妻子多年来一直保持着开展艰难对话的习惯,而这些对话使我们的关系变得更紧密。我坚信,我们之所以能在过往的岁月里不离不弃,共同面对所有挑战,就是因为我们对相互的意见始终保持开放的心态,并且愿意为了对方而变得更好。

我记得有一天妻子对我说:"我觉得你不是孩子的好父亲。我能给你一些建议吗?"我的第一反应是想为自己辩护,但我转念回答说:"当然可以,请你帮助我变得更好吧。"听完她的建议后,我承诺自己会做出一些改变。这次对话的确帮助我们成为更好的父母，也帮助我们的家庭成为一个更好的团队。

不要逃避艰难的对话，不要害怕听到反馈建议。意见不是用来评判你，而是为了帮助你改善自己，从而能够更好地为团队服务。当团队里的每个人都明白该如何开展对话、要达到什么目的时，你们就能成为一个更加强大的团队。

喜欢与热爱的区别

史蒂夫·申鲍姆创办了游戏型培训项目，并与诸多团队开展过合作。他告诉我，阻碍一个团队变得更强大的原因之一是每个人都想被别人喜欢，因为每个人都不想让周围的人不开心，不想让人们对自己失望，所以人们宁愿不讲真话，也不愿参与艰难的对话。

史蒂夫说，如今这种现象他见得越来越多。"每个人都希望被别人喜欢，所以都只做表面文章，不敢深入揭露；人们也不想对他人提出异议，因为这会招人讨厌。"

有些人可能认为，积极正向就意味着不能发生冲突，时时刻刻都要对团队成员保持微笑。这是一种误解。

第 8 章
这是你的船

约吉·罗思说:"团队要理解分歧与厌恶之间的区别。你们必须开展艰难的对话,但要以积极正面的方式进行对话。"你们要带着学习、成长的意愿讨论需要解决的问题,要意识到这样做是为了让团队变得更好,只要是带着积极正面的意图开展头脑风暴,就不会产生不良效果。

史蒂夫·申鲍姆说,归根到底在于理解喜欢和热爱的区别。如果想互相喜欢,那么只需要进行简单的浅层交流就可以了,而回避艰难的对话。虽然这样会令大家高兴和开心,但团队就永远不会达到真正热爱的程度。

正是通过挑战、冲突、坦诚和连接,伟大的团队才得以在不断完善中形成。你们可以仅仅满足于相互喜欢,但如果选择尽一切努力培养团队的热爱,就可以打造一支坚不可摧的正向团队。

浴火而生

迈克尔·热尔韦直截了当地告诉我:"跟别人分享个人经历是一件很难的事情,正因为如此,打造一个伟大的团队并非轻而易举,而是难如登天。"正如你所见,需要投入大量的努力来建设团队文化，建立良好的沟通和连接，才能使团队变得卓越。

热尔韦说："当愿景和目标明确、一切发展顺利的时候，带团队是轻松的事情。但是，当事情进展不顺利、出现困难和问题的时候，才是体现伟大团队凝聚力的时刻。此时，伟大团队里的每个人都团结一心，积极投身到实现愿景与目标的行动中，同时彼此关照，共同进退。伟大的团队是在冲突的烈火中被锻造出来的，并在不断抗争的过程中变得越来越强大。"

成为伟大的团队都要经过一场艰难的洗礼，但所有的付出都物有所值。

09

第 9 章

积沙成塔，众志成城

在写作本书的过程中,我收到布兰登·法拉尔(Brandon Farrar)的一封邮件,28岁的他是弗吉尼亚州梅卡尼克斯维尔的一名教师。布兰登在其授课的高中学校里组建了一个领导力俱乐部,由27名刚上大学二年级的学生和2名资深管理者组成。这些大二学生三年后才毕业,参加领导力俱乐部对于他们来说很有意义,因为这不仅能激励他们积极向上,还可以帮助他们获得跟领导力相关的实践经验。

两位资深管理者担任指导员,并协助运营俱乐部。布兰登说,他俩每两周在学校召集一次正式会议,每次大约40分钟。他们在会议中使用我写的《正向灵犬》来引导团队讨论,做团队建设的练习。在高中学校里,大学生团队积极参与志愿活动。布兰登说:"这些大学生为我们学校的餐厅员工做午餐,给大楼里的工作人员写感谢信并跟他们称兄道弟。这几天,一位中学生的母亲去世了,这些大学生对这名中学生表达了深切的关怀,帮助他振作了起来,用积极的心态面对这件悲伤的事情。"

读完布兰登的邮件后,我意识到,他和这群年轻的大学生已经成为一个团队,或许因为他们不经常在一起,从而不被人们认为是传统意义上的团队,但是当他们在一起时,就会为实现共同的目标而努力。由此,他们不仅改变了自己、帮助了彼此,而且影响了学校以及他们的社区。

人们聚在一起可以组成各式各样的团队,比如划船的团队、设计船舶的团队、造船的团队;有的团队建造桥梁,另一些团队通过创造新的科技产品或药品,打通去往未来世界的桥梁;有的团队为冠军而战,另一些团队努力让人们在电视上看到冠军赛;有的团队在学校里教书育人,另一些团队设计孩子们学习的课程;有的团队在办公室上班,另一些团队在虚拟的线上办公;有的团队是临时组建的,另一些团队在一起共事了几十年。不论是什么样的团队,也不论在一起共事时间是长是短,我坚信人们在一起工作是因为,团结合作能让每个人变得更出色。

好莱坞大片《黑豹》的导演瑞安·库格勒(Ryan Coogler)在给公众的一封感谢信中写道:"电影制作是一件需要团队合作的事情,我们的团队由来自世界各地并且热爱这个故事的杰出人才组成。"

第 9 章
积沙成塔，众志成城

南加州大学网球队教练彼得·史密斯告诉我，他与球队的新成员第一次通电话时都会说："你加入球队后，就成为这个团队的一员。网球是一项个人运动，但你来到我们这里，是为了成为这个团队中的一员。"起初年轻人听到这些话的时候，可能并不理解其含义，但随着时间推移，他们逐渐明白，当致力于完成比成就自我更伟大的事业时，就必须将自己提升到一个更高的水准。

唐娜·奥伦德（Donna Orender）创立了 W 世代（Generation W），将其作为团结女性、连接女性的平台。她发现，就个体而论，女性固然可以通过自己的才华、抱负和意志做成很多事情，但是当加入一个更大的女性团体后，她们可以超越自身能力范畴，取得更大的成就。

凯里·沃尔什·詹宁斯补充说，胜利源于爱。当我们为爱奋斗时，胜利就会降临。比赛只是让我们为彼此付出、投入、奋斗的方式，在这个过程中，我们因为团结在一起而变得更优秀。

如果没有比尔·贝里奇克（Bill Belichick），汤姆·布雷迪（Tom Brady）就不会成为最伟大的四分卫；如果没有汤姆·布雷迪，比尔·贝里奇克也不会成为最伟大的教练。凯里·沃尔什·詹宁斯和米斯蒂·梅－特雷纳单凭个人之力不能成为最伟大的沙滩排球队员。如果没有史蒂夫·沃兹尼亚克，史蒂夫·乔布斯不可能改变世界，反之亦然。约迪·福斯特（Jodi Foster）和安东尼·霍普金斯（Anthony Hopkins）在《沉默的羔羊》(*The Silence of the Sheep*)中的表演交相辉映；约翰·伦农（John Lennon）和保罗·麦卡特尼（Paul McCartney）让披头士乐队卓尔不群。如果罗马·唐尼（Roma Downey）和马克·伯内特（Mark Burnett）没有在一家理发店里偶遇并坠入爱河，就不会有后来的超级电视连续剧《圣经》(*The Bible*)。虽然在拍摄《圣经》之前，他们已经各自拍过或出演过多部精彩作品，但是他俩的相遇才成就了好莱坞的一个奇迹。说到好莱坞就让我想起，史蒂文·斯皮尔贝格（Steven Spielberg）、乔治·卢卡斯（George Lucas）、马丁·斯科塞斯（Martin Scorsese）、布赖恩·德·帕尔马（Brian de Palma）还有弗朗西斯·福特·科波拉（Francis Ford Coppola）年轻时经常在一起争论和相互指点，创作出诸多具有划时代意义的电影作品；没有他们的友爱与协作，我们可能永远都看不到诸如《星球大战》(*Star War*)、《ET 外星人》(*ET*)、《夺宝奇兵》(*Indiana Jones*)等经典大片。

第 9 章
积沙成塔，众志成城

在我的个人世界里，如果没有我一生挚爱的妻子凯瑟琳（Kathryn），我就不会是现在的我。她始终与我并肩同行，一起经历所有的挑战与沉浮；她不仅在我十分消极时容忍我，还帮我解决问题，让我成为一个更好的男人和领导者；在我频繁外出演讲的时候，她独自照顾我们的孩子；她鼓励我追寻当作家的梦想，当我想放弃时，她给了我力量和鼓励；因为她给予我爱和支持，才让我也能够给予别人爱和支持。没有她，我就不会成为今天的我。

如果没有出版团队香农·瓦戈（Shannon Vargo）和马特·霍尔特（Matt Holt）的推动，我不可能完成这本书；如果没有他们的青睐，就不会有《动力巴士》和我的其他畅销书的出版。现在，有人开出高价让我换出版商，但我为什么要离开他们呢？当所有人都不相信我时，是他们给了我信任。我为什么要抛弃当初为我付出、情同手足的人呢？我对这个出版团队充满了信任。当加入一个伟大团队时，我们才会发现，集体的成就是无法靠个人实现的。

我发现，一支团队的真正形成都发生在某个关键时刻。你可以试着回顾一下自己的婚姻、球队、工作团队、学校团队、社区团队、创意团队，然后就会感叹道："对，就是当我们真正走到一起的时候！"这个时刻很难用语言来描述，当它来临时，你会有一种特殊的感觉。

对克莱姆森大学篮球队来说，随着今年发生的一次恐怖袭击事件，关键时刻降临了，它使整个团队紧紧地团结在一起。虽然在上一个赛季他们讨论了很多关于勇气的话题，但由于队友之间不齐心，球队始终不能顽强地拼搏到底，导致在很多比分接近的比赛中都败下阵来。但是，今年的赛季他们表现得很好，其中一个原因是，当他们在欧洲参赛时，就在他们下榻的酒店旁边发生了一次恐怖袭击，当时有几名球员在点名时没有出现，在那一小段时间里，队友们做了最坏的预想。后来，当每一位球员都被找到的时候，大家对生活和队友的意义有了一个崭新的认识，相互之间形成了强有力的感情纽带，表现在球场上就是相互连接与承诺和勇敢。

布赖恩·科佩尔曼16岁时就认识了14岁的戴维·莱维恩，但直到他们深入合作撰写电影《赌王之王》的剧本时，才真正成为一个团队。对他们来说，作为一个团队意味着，当他们决定要一起完成项目时，不会让任何人或者任何事情成为阻力。

第 9 章
积沙成塔，众志成城

毛拉·内维尔（Maura Neville）是一所"动力巴士"学校的校长，她告诉我，在其任职的第二年，当教工们渐渐地愿意为了同事和学生的利益而付出、变得志同道合时，她才意识到自己和员工们成了一个团队。她说："我看到教师开始真心为了孩子们的利益去做事，而不是为了自己的名利。我也注意到，教师们乐于投入精力来改善人际关系，大家形成了家庭般的连接。当我刚开始在这里工作时，人们更关心自身的利益，而不是为他人服务，但我亲眼看着他们发生了转变，开始注重为别人付出。那一刻，我知道我们已经成为一个真正的团队。"

史蒂夫·斯特里克兰（Steve Strickland）是亨德里克汽车公司下属雷克萨斯店的总经理，他告诉我，他觉得自己和员工形成一个团队的时刻，是当他手下一名最优秀的销售员因为母亲生病而请假时，店里的所有员工都一起想办法完成了销售目标。史蒂夫说，是同舟共济的团队精神造就了胜利。

我希望你和团队能够体验到我所描述的那个震撼人心的时刻，即你们感觉到成为一个积极正面、齐心协力的团队的那一时刻。我希望你们通过一起阅读这本书，能体会到一个正向团队所具有的力量。如果实施了本书中讨论的框架和原则，你们能够实现的成就将大大超过个人所能达到的高度。

团结在一起，就会了不起。正向团队众志成城，能做成令人难以置信的大事情。你们准备好了吗？召集你的团队，开始行动吧，轮到你们留下传世佳话的时候了。

留下你们的传奇

Meraki 是我最喜欢的单词之一，它是一个希腊语单词，意思是用爱、灵魂和创造力去做一件事，把代表你的某个部分留在成果中，从而在世上留下点什么。

作为一个团队，你们可以在工作中留下自己思想的一部分；你们可以同心协力为后世留下传奇；你们可以共同完成以前从未完成的事业；你们可以成为一个通过发明或者创新改变世界的团队；你们可以成为一个创作大片的团队；你们可以成为一个引领医疗或教育变革的团队；你们可以成为一个改变一切的团队。

2017年，马里兰大学网棒球队夺得了全国冠军，其夺冠历程令很多人难忘，但最让人印象深刻的是，他们是一支积极、无私、关爱、为他人而战的球队。

第9章
积沙成塔，众志成城

我的朋友也是前队友约翰·蒂尔曼（John Tillman）在2011年成为马里兰大学网棒球队主教练，当时他了解到，马里兰大学队自1975年起从未得过一次全国冠军。接下来的几年里，在约翰的带领下，这支球队在2011年、2012年、2015年、2016年都闯入了决赛，但每次都与冠军失之交臂。

2017年，当球队再次挺进全国总决赛时，激动和担忧的情绪同时在球迷的心中蔓延，今年他们会赢得冠军还是又一次输掉呢？

你可能认为，球队很想赢下这场比赛，因此会面对很大的压力。但是，约翰告诉我，队员们其实并没有感受到多大的压力，因为他们没有想要为自己赢得总冠军，而是要为所有支持他们的球迷和朝这个目标努力的前队友们拿下这个冠军；要为约翰教练赢得比赛，他的母亲在赛季开始前去世了；要为荣誉队友芬恩（Fionn）赢得比赛，他身患癌症，但一直与病魔做斗争；要为自己的母校赢得胜利。

他们决心超越个人得失，为更伟大的事业而拼搏。他们更关心"我们"而不是"我"，专注于为他人而战，因此他们感受到的不是压力，而是动力与激情。

当你们的一切行动都基于"我们"而不是"我"时，就成了一支理想的团队。这时，你们不会悲观，而是变得乐观积极；你们不会自私，而是变得大公无私；你们不会甘心平庸，而是变得与众不同。你们可以向全世界展示，一个充满信任、连接、奉献和热爱的伟大团队是什么样子。你们可以为后世留下一些东西，伟大的团队会留下传奇。从今天开始，去创造你们的传奇吧！

你们是一个真正的团队吗？

很多人以为，只要自己在一个团体中，就是一个真正团队的一员。事实并非如此，你们都在一个团体中，并不意味着你们就成为一个真正的团队。我们可以从以下几个方面思考其中的区别：

- 在团体中，每个成员关注的是自己的个人目标。
- 在一个真正的团队里，每个成员将团队目标放在首位，个人目标退居其次。

- 在团体中，每个成员致力于让自己得到提升、变得越来越好。
- 在一个真正的团队里，每个成员不仅致力于自我提升，同时还努力让整个团队变得更好。

- 在团体中，每个成员思考的是如何让集体服务于个人目的。
- 在一个真正的团队里，每个成员期望自己能为团队服务。

- 当人们只是同处一个团体里时，沟通并不是最重要的。
- 当人们同处于一个真正的团队里时，沟通是建立信任、承诺、协作的关键基础。

- 在团体中，每个人把更多的时间留给自己。
- 在一个真正的团队里，每个成员花更多的时间跟团队在一起。

- 在团体中，人们通常不会讨论和有意识地培养信任、关爱和尊重。
- 在一个真正的团队里，人们会注重信任的建设、关爱的分享、尊重的体现。

- 在团体中，成员之间发生争执就会伤害到整个团体，因为成员之间缺乏信任与关爱。

你们是一个真正的团队吗?

- 在一个真正的团队里,成员之间也会发生争执,但争执会让整个团队变得更强大,因为彼此之间有信任与关爱的基础。

- 在团体中,并不是每个人都上了巴士。
- 在一个真正的团队里,所有人都带着共同的愿景、关注和目标上了巴士。

- 在团体中,领导力是稀缺的。
- 在一个真正的团队里,领导者是强有力的,并且会帮助他人学会如何成为领导。

- 在团体中,每个人充满自我意识,并且总在幻想让自己变得伟大。
- 在一个真正的团队里,每个成员同样有自我意识,想要变得伟大,但也能放下自我,甘愿为团队以及更伟大的目标服务。

关于团队的 11 个关键问题

1. 团队的兴衰取决于文化、领导力、内部关系、态度和努力。

一个卓越的团队由杰出的领导者引领,并拥有优秀的团队文化;其内部的关系极其重要,团队成员之间形成紧密的连接;整个团队的态度积极向上,团队里的每一个人都勤奋工作,以达成共同的使命。

2. 团队的合作高于一切。有时候你是最耀眼的明星,有时候你的任务是去帮别人发光。

3. 如果想要成就丰功伟业,你要努力成为一个好队友,就像你努力成为一个好球员一样。

我总是跟职业运动员们分享这一点,但它对任何一个职业都适用。当我们努力成为一个优秀的队友时，我们让身边的每一个人都变得更好。

4. 团队并不关心你是不是一个超级明星，他们关心你是不是一个最好的队友。

5. 每天可以修炼三件事：你的态度、付出的努力、为了成为一个更好的队友而做出的行动。

如果你每天都专注于拥有一个积极向上的态度，努力工作，并帮助你身边的人变得更好，美妙的事情就会发生。

6. 一个人无法成就一个团队，但一个人足以毁灭一个团队。**要保持积极的正能量！**

要确保不让团队里吸血鬼伤害团队。贴出警示标语，写上"对团队吸血鬼说不"，并将这样的成员从团队巴士赶下去，维护团队的正能量。

7. 伟大团队的成员相互勉励督促，共同为达到团队文化所期望和要求的高水准与卓越目标而承担责任。

8. 团队的力量必将胜过个人天赋。

9. 伟大团队的成员更关注自己付出的努力和从事的工作，也更关爱队友。

10. 我们 > 我

团结与否是平庸团队与优秀团队的区别所在。团结一心的团队内部具有紧密的连接，并乐意为彼此付出；他们总是无私奉献，而不是自私索取；他们将团队的利益放在首位，并清楚地认识到，当他们团结一心时就能取得更大的成就。

11. 在前进的道路上，你和你的团队每天都会面对抉择。你可以安于平庸，选择一条平淡无奇的道路；你也可以选择鲜有人走过的那条路，去追求卓越。

这是你和你的团队每天都在面对的抉择，你们会选择哪一条路呢？

The Power of a Positive Team: Proven Principles and Practices That Make Great Teams Great by Jon Gordon

ISBN: 9781119430247

Copyright © 2018 Jon Gordon

All Rights Reserved. This translation published under license. Authorized translation from the English language edition, published by John Wiley & Sons, Inc. No part of this book may be reproduced in any form without the written permission of the original copyright holders.

Simplified Chinese version © 2022 by China Renmin University Press.

Copies of this book sold without a Wiley sticker on the cover are unauthorized and illegal.

本书中文简体字版专有翻译出版权由 John Wiley & Sons, Inc 授予中国人民大学出版社。未经许可，不得以任何手段和形式复制或抄袭本书内容。本书封底贴有 Wiley 防伪标签，无标签者不得销售。

图书在版编目（CIP）数据

正向团队：如何成为一支正能量燃爆的队伍 /（美）乔恩·戈登著；龚阿玲，章志飞译. -- 北京：中国人民大学出版社，2022.4
ISBN 978-7-300-29717-0

Ⅰ.①正… Ⅱ.①乔… ②龚… ③章… Ⅲ.①企业管理－组织管理学 Ⅳ.① F272.9

中国版本图书馆 CIP 数据核字（2021）第 230298 号

正向团队：如何成为一支正能量燃爆的队伍
[美] 乔恩·戈登 著
龚阿玲 章志飞 译
Zhengxiang Tuandui: Ruhe Chengwei Yizhi Zhengnengliang Ranbao de Duiwu

出版发行	中国人民大学出版社		
社　　址	北京中关村大街 31 号	邮政编码	100080
电　　话	010-62511242（总编室）	010-62511770（质管部）	
	010-82501766（邮购部）	010-62514148（门市部）	
	010-62515195（发行公司）	010-62515275（盗版举报）	
网　　址	http://www.crup.com.cn		
经　　销	新华书店		
印　　刷	北京联兴盛业印刷股份有限公司		
规　　格	148 mm×210 mm　32 开本	版　　次	2022 年 4 月第 1 版
印　　张	6.125 插页 2	印　　次	2023 年 4 月第 2 次印刷
字　　数	91 000	定　　价	59.00 元

版权所有　　侵权必究　　印装差错　　负责调换